JN097743

アルミホイル・
ソロキャンレシピ

佐藤 一博 著

まえがき

まえがきというものはほとんど読まれることはないそうだ。担当編集が言ってたのだから多分そうなのだろう。でも短く大きな文字で書いておいたら読まれるかも知れないとも言っていた。だから短く大きな文字で書くことにする。

- **これはアルミホイルでそこそこ旨い料理をカンタンに作る本です**
- **アウトドアでもできるというか、どこでもできます**

以上。

佐藤一博

ps：一つだけ言わせて欲しい。アウトドアで出たゴミは必ず持ち帰ってください。

本書の使い方

本書はアルミホイルでカンタンにおいしい料理を作るという目的で作られています。

準備編で準備しよう

まずは準備編で最低限の道具について見ていきましょう。テント・寝袋以外はほとんどはご自宅にあるか100円ショップ等で買えるものです。安いもので十分です。

overview

火力 キャンプでは最も重要かもしれない。

稀に存在する生で食べられる食品以外は熱を通す必要があることは、長年人間をやっていらっしゃる諸氏であれば存知のことであろう。

熱は色々な物から得られるが、モノを食べて安全というレベルにするにはかなりの熱量が必要になる。最も手軽なのが火である。この本のほとんどのレシピは火を使っている。まずはどんなものを使うのかざっと見ていきたい。

●焚き火

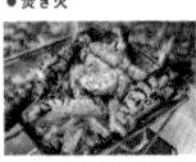

まずアウトドアで筆頭に挙げられる火力が焚き火であろう。地面に薪を置いて火をつけるだけのシンプルな方法だ。しかし昨今では地面で焚き火をすることに眉をひそめる向きも少なくない。マナーの悪いアウトドア家が終わった焚き火をそのまま放置したり、綺麗に養生されたキャンプサイトの芝生を焦がしたり、といったことが続発したためと言われている。焚き火をするのであれば、焚き火台とその下に敷くシートを用意することを強くお勧めする。なお焚き火台には「上に網を載せられる」という利点もある。本書にはこれを活用したレシピも多く入っている。ぜひ活用したい。

●ガスコンロ

ガスコンロには実に様々なものがある。コンロの大きさは火力に比例すると言っても良いだろう。なのでもしあなたがクルマで移動するならコンロは小さい必要はない。持っていきたければプロパンガスボンベとキッチンにあるガスコンロを持っていっても良いだろう。
現実的にはカセットコンロが最も使いやすい火力になるだろう。大体どこのご家庭にもあるので新しく買いそろえる必要もない。昨夜家族で鍋を突いたであろうカセットコンロで十分だ。カセットコンロは非常に良くできた調理器具だ。あんなに誰もが扱えて安全なものはない。ガスもコンビニで手に入る。

●その他の火力や熱源

100円ショップに売っている青い蝋燭も便利だ。Amazonで500円くらいで売られているマイクロコンロと言われるコンロの中にこれを置いて火をつければ準備完了だ。この本にでてくるスウェーデントーチもお勧めだ。乾いた丸太にチェーンソーで切り込みを入れ、そこに杉の枯れ葉を詰め込んで点火するというものだ。もしあなたがキャンプにクルマで行くのであればそれも熱源になる。エキゾーストパイプ大体摂氏200度。肉を焼くには十分な温度だ。太陽の光を虫眼鏡で集めた場合の焦点の温度は4000度とも言われる。何かを焦がしたい場合は使えるかもしれない。夏の地面の温度は場所によっては70度。半熟卵を作るには十分な温度だ。色々なところに色々な熱源がある。それを探すのも一興であろう。

10

火種 それは全ての始まり。

焚き火前提の話だが、火打ち石的なファイヤースターターがキャンプでは人気のようだ。

普段見慣れないスタイルで焚き火に着火するスタイルは一興ではあるし、やっている方も面白い。何かこう原始的な感じがして、そして「この道具で火を手に入れた」感があって気分も高揚する。

しかし慣れないと時間がかかるし、ギャラリーからは「ライター使えば一発じゃん」という心の声がダダ漏れしているのも事実だ。

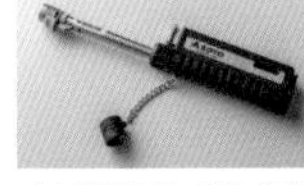

なので着火はライターでも良いが、焚き火をする場合はマッチをお勧めする。

マッチはそれ自体が素晴らしいファイヤースターターであると同時に、焚き火とともに燃え尽きてしまうため、擦ったマッチの本数だけ帰りは荷物が減る。

火種を炎にするには、大きい薪にいきなりマッチやライターで着火できるとしたら、それは奇跡だろう。本燃焼用の大きな薪に火がたどり着くよう、マッチ→枯草→小枝→大枝などの順で燃やせるように、焚き火の燃料となるものを調節しよう。マッチと小枝の間に、市販の着火剤を使うのも手だ。それは長く燃えてくれるので、いきなり太い枝でも着火してくれる場合がある。

焚き火台 地面で直火？　時代は変わったのだ。

河川敷などで焚き火をする際、「地面の植生に影響がある場合などは直火はご遠慮ください」というのが河川敷を管轄する国交相の見解だ。この場合の直火とは、地面に直接薪を置いて火を燃やす行為を言う。前出の理由で焚き火の際は直火禁止というキャンプ場も多い。簡単なことだ。

火力

11

実践編で実践しよう

準備ができたら実践あるのみです。ほとんどの材料はご自宅の冷蔵庫かコンビニから調達できるものです（一部そうでもないものもありますが…）。なおこれらのレシピはアウトドアで作ることを前提としていますが、ごく一部のレシピ以外はご家庭のキッチンでも作れます。どこでもやってみてください！

レシピ：TAKA

スタンディングねぎのすき焼き

言っておくが、長ネギは立てろ！

30 min.

材料１人分

● 具
牛細切れ肉…120g
長ネギ…1本
卵…1個
すき焼きのタレ…80ml

STEP 1　二枚重ね、もしくは分厚いアルミホイルで浅い鍋を作る。ついでに蓋も作ろう。

STEP 2　牛肉は食べやすい大きさに切り、すき焼きのタレにつけておく。肉が入っていたパックを使うと洗い物が減る。

STEP 3　長ネギは3cmほどの長さに切る。彼には後で立っていてもらうので、ネギに対して直角になるように切る。「差し金」を使っても良い。

＼こんな感じ／

STEP 4　器の中央に長ネギを「立てて」並べる。その周りに牛肉を。肉をつけていたタレもかけてしまおう。

＼こんな感じ／

STEP 5　蓋をして火にかける。弱火〜中火で5分ほどで良い加減になるだろう。

盛り付けのヒント
やはり溶き卵で食べるのが王道だろうと思う。
白いご飯がススムのは間違いないだろう。

実践編　第1章　肉焼き系レシピ

44　45

番外編

番外編ではアルミホイルを使ったナイフの作り方、この本のレシピを実践したキャンプをシミュレートした「一人でキャンプ行こう！」を紹介しています。今からやりましょう！

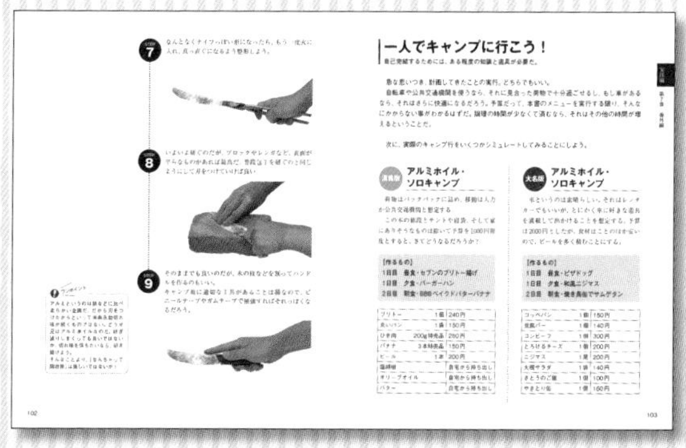

STEP 7　なんとなくナイフっぽい形になったら、もう一度火に入れ、真っ直ぐになるよう整形しよう。

STEP 8　いよいよ研ぐのだが、ブロックやレンガなど、表面が平らなものがあれば最高だ。普段包丁を研ぐのと同じようにして刃をつけていけば良い。

STEP 9　そのままでも良いのだが、木の枝などを削ってハンドルを作るのもいい。
キャンプ場に適切な工具があることは稀なので、ビニールテープやガムテープで補強すればそれっぽくなるだろう。

一人でキャンプに行こう！

自己完結するためには、ある程度の知識と道具が必要だ。

急な思いつき、計画してきたことの実行。どちらでもいい。
自転車や公共交通機関を使うなら、それに見合った荷物で十分過ごせるし、もし車があるなら、それはさらに快適になるだろう。予算だって、本書のメニューを実行する限り、そんなにかからない事がわかるはずだ。調理の時間が少なくて済むなら、それはその他の時間が増えるということだ。

次に、実際のキャンプ行をいくつかシミュレートしてみることにしよう。

アルミホイル・ソロキャンプ

荷物はバックパックに詰め、移動は人力か公共交通機関と想定する
この本の装備とテントや寝袋、そして家にありそうなものは除いて予算を1000円程度とすると、さてどうなるだろうか？

【作るもの】
1日目　昼食・セブンのブリトー揚げ
1日目　夕食・バーガーパン
2日目　朝食・BBBベイクドバターバナナ

ブリトー	1個	240円
食パン	1斤	150円
ひき肉	200g特売品	250円
バナナ	3本特売品	150円
ビール	1本	200円
塩胡椒		自宅から持ち出し
オリーブオイル		自宅から持ち出し
バター		自宅から持ち出し

大名版　アルミホイル・ソロキャンプ

車というのは素晴らしい。それはレンタカーでもいいが、とにかく車に好きな道具を満載して出かけることを想定する。予算は2000円としたが、食材はことのほか安いので、ビールを多く積むことにする。

【作るもの】
1日目　昼食・ピザドッグ
1日目　夕食・和風ニジマス
2日目　朝食・焼き鳥缶でサムゲタン

コッペパン	1個	150円
魚肉バー	1個	140円
コンビーフ	1個	300円
とろけるチーズ	1個	200円
ニジマス	1尾	200円
大根サラダ	1袋	140円
さとうのご飯	1個	100円
やきとり缶	1個	160円

番外編　第7章　番外編

102　103

Contents

実践編 31

第1章　肉焼き系レシピ 33

第2章　つまみ焼きレシピ 47

第3章　スイーツ系レシピ 59

準備編

アルミホイル・
ソロキャンレシピ

火力 キャンプでは最も重要かもしれない。

稀に存在する生で食べられる食品以外は熱を通す必要があることは、長年人間をやっていらっしゃる諸氏であればご存知のことであろう。

熱は色々な物から得られるが、モノを食べて安全というレベルにするにはかなりの熱量が必要になる。最も手軽なのが火である。この本のほとんどのレシピは火を使っている。まずはどんなものを使うのかざっと見ていきたい。

●焚き火

まずアウトドアで筆頭に挙げられる火力が焚き火であろう。地面に薪を置いて火をつけるだけのシンプルな方法だ。しかし昨今では地面で焚き火をすることに眉をひそめる向きも少なくない。マナーの悪いアウトドア家が終わった焚き火をそのまま放置したり、綺麗に養生されたキャンプサイトの芝生を焦がしたり、といったことが続発したためと言われている。焚き火をするのであれば、焚き火台とその下に敷くシートを用意することを強くお勧めする。なお焚き火台には「上に網を載せられる」という利点もある。本書にはこれを活用したレシピも多く入っている。ぜひ活用したい。

●ガスコンロ

ガスコンロには実に様々なものがある。火力はコンロの大きさに比例すると言っても良いだろう。なのでもしあなたがクルマで移動するならコンロは小さい必要はない。持っていきたければプロパンガスボンベとキッチンにあるガスコンロを持っていっても良いだろう。
現実的にはカセットコンロが最も使いやすい火力になるだろう。大体どこのご家庭にもあるので新しく買いそろえる必要もない。昨夜家族で鍋をつついたであろうカセットコンロで十分だ。カセットコンロは非常に良くできた調理器具だ。あんなに誰もが扱えて安全なものはない。ガスもコンビニで手に入る。

●その他の火力や熱源

100円ショップに売っている青い蝋燭も便利だ。Amazonで500円くらいで売られているマイクロコンロと言われるコンロの中にこれを置いて火をつければ準備完了だ。この本にでてくるスウェーデントーチもお勧めだ。乾いた丸太にチェーンソーで切り込みを入れ、そこに杉の枯れ葉を詰め込んで点火するというものだ。もしあなたがキャンプにクルマで行くのであればそれも熱源になる。エキゾーストパイプは大体摂氏200度。肉を焼くには十分な温度だ。太陽の光を虫眼鏡で集めた場合の焦点の温度は4000度とも言われる。何かを焦がしたい場合は使えるかもしれない。夏の地面の温度は場所によっては70度。半熟卵を作るには十分な温度だ。色々なところに色々な熱源がある。それを探すのも一興であろう。

火種

それは全ての始まり。

焚き火前提の話だが、火打ち石的なファイヤースターターがキャンプでは人気のようだ。

普段見慣れないスタイルで焚き火に着火するスタイルは一興ではあるし、やっている方も面白い。何かこう原始的な感じがして、そして「この道具で火を手に入れた」感があって気分も高揚する。

しかし慣れないと時間がかかるし、ギャラリーからは「ライター使えば一発じゃん」という心の声がダダ漏れしているのも事実だ。

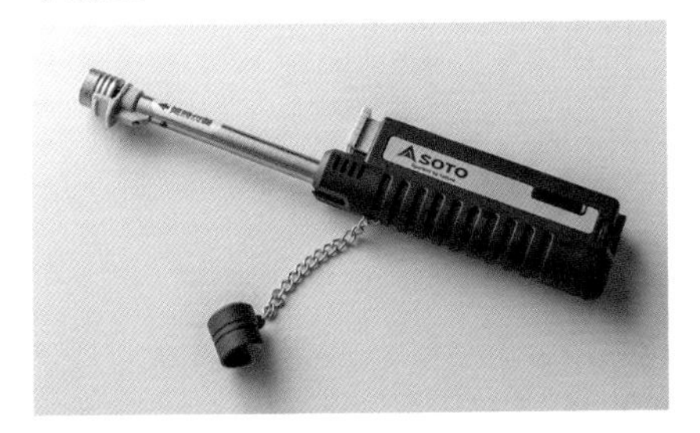

なので着火はライターでも良いが、焚き火をする場合はマッチをお勧めする。

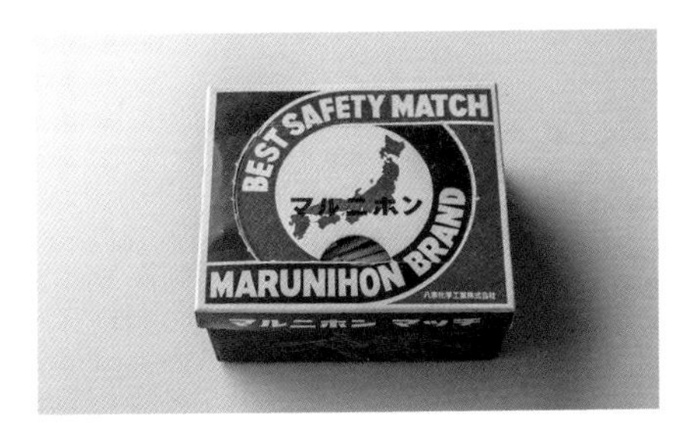

マッチはそれ自体が素晴らしいファイヤースターターであると同時に、焚き火とともに燃え尽きてしまうため、擦ったマッチの本数だけ帰りは荷物が減る。

火種を炎にするには、大きい薪にいきなりマッチやライターで着火できるとしたら、それは奇跡だろう。本燃焼用の大きな薪に火がたどり着くよう、マッチ→枯草→小枝→大枝などの順で燃やせるように、焚き火の燃料となるものを調節しよう。マッチと小枝の間に、市販の着火剤を使うのも手だ。それは長く燃えてくれるので、いきなり太い枝でも着火してくれる場合がある。

焚き火台

地面で直火？　時代は変わったのだ。

河川敷などで焚き火をする際、「地面の植生に影響がある場合などは直火はご遠慮ください」というのが河川敷を管轄する国交省の見解だ。この場合の直火とは、地面に直接薪を置いて火を燃やす行為を言う。前出の理由で焚き火の際は直火禁止というキャンプ場も多い。簡単なことだ。

つまり火を地面からフローティングさせれば良い。そこで登場するのが焚き火台というわけだ。焚き火台にも色々あって、ソロキャン（ソロ［単独］キャンプ）用からファミキャン（ファミリーキャンプ）・グルキャン（グループキャンプ）用まで、大きさは様々だ。メーカーもそれぞれが高性能を謳っている。

だがソロキャンなら、やはり重く大きいものよりも、コンパクトなものの方が薪の効率も良いだろう。ただし、火は人を落ち着かせる。ネットTVからYouTubeまで、火が燃えている映像「だけ」を延々と流しているチャンネルもあるくらいだ。料理をしなくとも、火を眺めているだけでも贅沢な時間が流れる。なのでソロでも3～4人用を選んでも後悔しないだろう。焚き火台からは燃え差しがこぼれ落ちる。だから台の下には「焚き火シート」も忘れないでほしい。

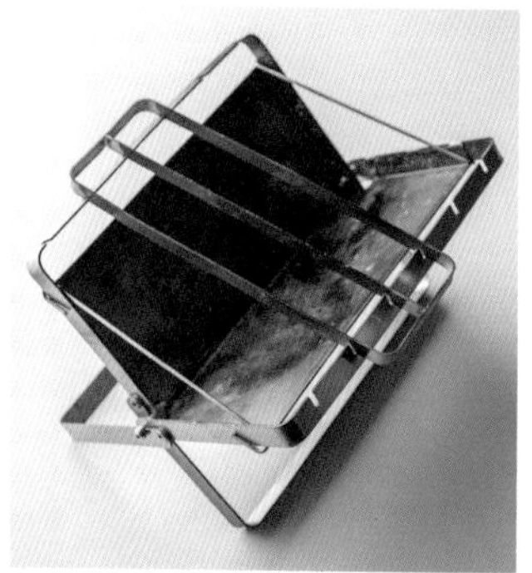

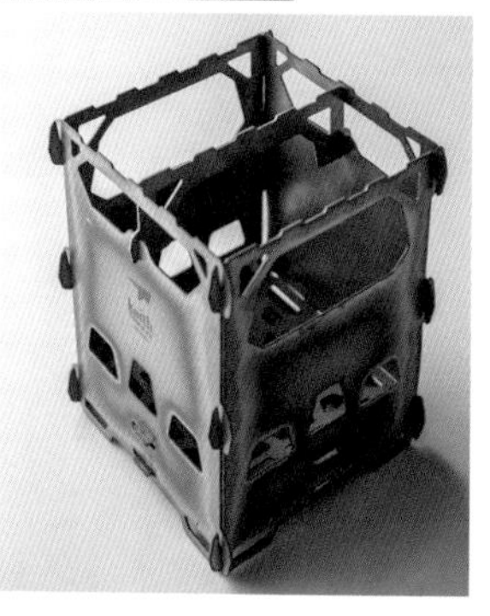

コンロ

一瞬で料理をスタートできる魔法の道具。

調理を行うためのコンロをキャンプ的には「ストーブ」と言ったりするが、早い話、家庭のコンロと同じつもりで良い。違うのは外で使うということだけだ。

すでに持っている場合は別だが、これから揃える場合は何も特別にキャンプ用を買う必要はない。先にも言ったがカセットコンロで十分だ。これには風に強い「外で使うのが前提」のモデルもある。

カセットコンロがお勧めの理由はいくつかあるが、中でも消耗品であるカセットガスの入手が簡単だということだろう。カセットガスはカセットコンロの燃料。

これがないと始まらない。そしてキャンプを愛好するものは多少なりとも心配性だと相場は決まっている。なのであなたはきっと予備のガスも持っていたいはずだ。それがコンビニから100均まで、あらゆるところで手に入るのだから、その点で他の燃料方式を凌駕している。100均までと言ったが、文字通り100円で手に入るのだからこれを逃す手はないだろう。

アルミホイルを使って料理する場合、コンロの五徳の上に魚を焼くときなどに使う「網」を載せることをお勧めする。これはコンロの火を均一にしてくれるだけでなく、アルミホイルを炎から少し離してくれるので、薄いアルミが焼損しにくくなる。これはカセットコンロだけではなく、キャンプストーブにも使えるので試していただきたい。

コンロの利点は「すぐにつき、すぐに消せる」ことにあると思う。火を見たいと言う場合は焚き火には敵わないが、単に調理器具だとするとこれに勝るものはないだろう。一発点火・一発消火だ。ちなみにコンロとは「焜炉」と書く。立派な日本語である。

スウェーデントーチやFiat500

いろんな熱源、あれこれ。思いたったらやってみよう！

●スウェーデントーチ

乾燥した丸太（スギとかナラとか）にチェーンソーやノコギリで切れ目を入れ、そこに着火用の葉っぱや木片を詰めて点火するという単純なものだが、一旦火がつくとかなりの時間火力を供給してくれる。見た目的にも巨大な蝋燭のようで面白く、火が燃えるの見るのが好きな人には最高であろう。冬場であればしっかり暖をとれる。

ただいくつかの難点も併せ持っている。まず火力の調整が難しいということだ。一旦点火したら最後、燃え尽きるまで火力はスウェーデントーチの気分次第。上で調理できるものは限定的で、アルミホイルに包んだ肉などを焼くには良いが、一定の温度で煮込むものなどには向かない。また、トーチ自体が燃えているという構造上、燃焼が進むと崩壊する。当然ではあるが何かを上に置いておいたら崩壊と同時に落ちる。もし何かを調理するのであれば着火直後にしたい。

着火が難しいようであれば着火剤を使おう。キャンプを楽しむことが目的ならば、火をつけることに全力投球する必要はない。スウェーデントーチの場合はむしろ消火に全力投球しよう。小ぶりのものなら水で簡単に消えるが、大きなトーチの場合全然消えてくれない。キャンプ場によっては焚き火の消火時刻が決められているがトーチにそんなことを言っても聞く耳は持ってくれない。1時間前には消火作業に入ろう。

そういったシロモノなので、下に敷くシートは大きめにしておいた方が良い。

●その他の火力や熱源

100円ショップに売っている青い蝋燭とAmazonで500円くらいで売られているマイクロコンロと言われるコンロのコンビも便利だ。カセットコンロよりずっと小さいのでミニマリストには最適だ。しかし前述した通り、火力はコンロのサイズと正比例する。つまりこのコンビは火力が弱い。何かをあぶって食べるというレベルであれば問題なく使えるが、調理するのであれば複数のセットが必要になるだろう。そういう工夫もキャンプの楽しさの一つではある。クルマのエキゾーストパイプやエンジンルームの熱を調理に使えないかと考えた人は多くはないだろうがいるだろう。実際肉を焼くには十分な温度だ。この本でもその方法を紹介している。だが最新のクルマになればなるほどそういったイレギュラーな行為を受け入れない性格がある。勤勉なECUが異常を察知してしまう可能性があるのだ。初代Fiat500などのECUはおろかなんのセンサーもついていないクルマならこのような問題は起こらない。また肉を焼くと当然ながら煙と匂いが出る。焼けた肉の匂いがクルマについても気にしない、という方にのみお勧めできる方法だ。

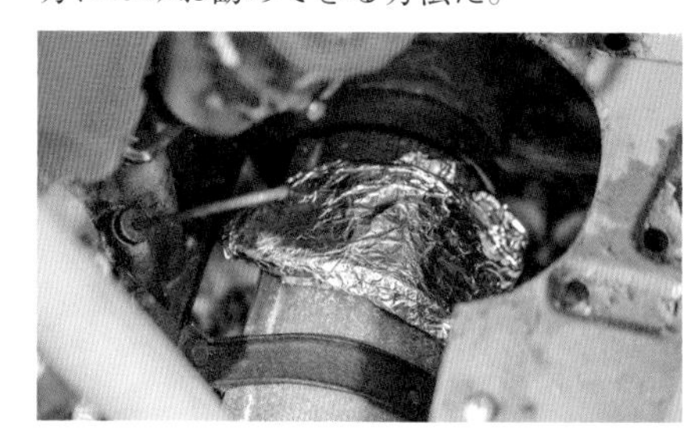

あると面白いことができる火力 焚き火は別格

大人の火遊びとはよく言うが、ここでは文字の通りの意味だと思っていただきたい。

ホワイトガソリンが入ったタンクをポンピングする。灯油バーナーの予熱をする。ガスに点火する。焚き火をおこす。どれも最終的に炎が燃えるわけだが、その着火させる工程に面白さを感じる人が多い。

ガスに点火する場合「ガスに点火する」と書くしかなくて面白みがないが、火をつけることを文章にする場合、それが簡単な表現なほど着火も容易なのだ。ガスの場合は別にマッチやライターが必要な場合もあるが、多くが「圧電装置」というのをカチッとやるだけで着火できる。味気ないがありがたくもある装置だ。

料理したり暖を取る火力にも色々あるが、液体や気体の燃料ではなく、木を燃やす焚き火はやはり別格だろう。いきなり太い薪にライターなどから着火できるわけもなく、焚き付けの細い枝などから徐々に燃やす対象を太く大きくしていくわけで、ちゃんとした火になるまでの工程でも小説が書けそうなくらいである。そんな焚き火だが、その火は眺めているだけでも心癒される。焚き火の火は別格なのだ。なぜなら、焚き火を燃やしている前で料理を食べる、あるいは酒を飲む、コーヒーを飲む、タバコを吸う、などは絵になるし憧れる人が多いし誰が見ても、いわゆる「映える」わけだが、火をつけたガスコンロの前で同じことやったら「ガスが勿体無いから消せ」と言われるだけである。だから焚き火の火は不思議なのだ。

焚き火の炎は「オレンジ色」と表現するのが正しいかはわからないが、まぁ赤から黄色の範囲であることは間違いないだろう。海辺で拾った流木で焚き火をすると、流木に閉じ込められた塩分なのか、たまに変わった色の炎が出ることがあって綺麗なのだが、コレを人工的に起こせるものがある。その名も「レインボーファイヤー」。これを袋のまま焚き火に投入すると、おそらくリン酸アンモニウムや塩化ストロンチウムの類の粉末が入っているのだろうが、七色の炎が揺らめくのだ。焚き火はオレンジだと思い込んでいるから、炎の色が変化するのは見ていて楽しい。入れてから炎の変色は徐々に小さくなるが、それでも10〜15分くらいは楽しめるので、一度やってみてはいかがだろうか。

食器類

形状・大きさ・素材など様々なものが存在する。

アウトドアで食器というと、アルミやステンレスの金属製のものを思い浮かべる人も多いだろう。最近はチタニウム製のものも多い。これらはどれも軽量（対陶器製）で運搬の際の振動などにも耐えられ、繰り返し使えるというメリットがある。重ねたりしても壊れないため、何種類かの大きさのものがうまく1セットになっているものも多い。

ただ、割れやすくて敬遠しがちな陶器製の食器も、うまく梱包すれば運べないわけではないし、それを使えばキャンプサイトのクオリティも上がるだろう。

ただ、重量、持ち運びやすさ、頑丈さ（柳に雪折れなし）、手に入れやすさなどを考慮すると、アルミホイルの右に出るものはないだろう。なんせバトンのように片手に持てる大きさで、数日間のキャンプに使えて、洗う必要もないのだから！

ナイフとフォークまたは箸

料理と手のアダプター。

「ナイフとフォーク」という場合のナイフとは、獲物の解体や木を削ったりするナイフではなく、食事のときの補助的なもので、鉄板上で肉を切っても刃がこぼれたりしないようにできている。この「硬いものの上でナイフを使っても切れ味が保たれる」という構造が私は長年疑問だったのだが、要は刃が波刃になっていて、波の頂点は鉄板を捕らえて擦っており、波の凹部分についた刃が肉を切るようにできている。なのでナイフとしては鉄板を擦っているが、切るための刃は鉄板を擦らないのである。よく考えたものだと思う。

この食事用のナイフですら色々メーカーや種類があるが、前述の構造を踏まえ「よくできた」食事用のナイフを手にしてもらいたい。

対してフォークだが、こう言ってしまうと元も子もないが、あんなものはある程度剛性があれば、つまり肉を押さえて曲がったりしなければなんでも良い。

箸だが、今はキャンプなどで持ち運びやすいようネジ式2分割になっていてコンパクトになる箸が売られている。そのようなものではなくとも「マイ箸」を使うのが自然に優しいような風潮があるが、私はキャンプには割り箸を使うのが良いと思う。使い捨ての衛生面の良さもあるが、安いし素晴らしい焚き付けにもなるし、燃やすと二酸化炭素が出るが、それは元々空気中にあったものを返しているだけだ。ちなみに「自分専用の箸」的なものを持っているのは日本人だけで、つまり「マイフォーク」や「自分専用のお茶碗」のように、決まった自分の食器を持つ文化は海外にはあまりないらしい。

あるとできることが増える食器類

キャンプ用は圧倒的に金属製の食器が多い。なので天邪鬼っても良いのでは？

キャンプ用品の場合、アルミやステンレスそしてチタニウム製の食器がほとんどだが、もしあなたがクルマで移動するのなら、キッチンペーパーを一枚巻いて重ねるだけで、陶器の食器も割らずに運べることに気付くだろう。

調理したものを食べるとき、アルミホイルから直接では味気ないと思った場合、それを載せるには陶器製の食器がいい。熱にも強いし、熱の伝わりも金属よりゆっくりだから持っても熱くないし、器によっては模様も綺麗だからテーブルの上が華やかになる。そして擦れに強いから、ゴワゴワしたタワシなどで洗っても傷がつかない。100均の食器だって、高額なチタンクッカーよりは絵になる（一般人から見て）。

キャンプ・登山などでは定番というか、もはやシンボル的な存在の、いわゆるシェラカップも猫舌さんにはお勧めだ。これは内容量が同等のマグカップなどより広く浅くできているので、熱いコーヒーも比

較的早く適温に冷ましてくれる。取っ手にカラビナを通してバックパックに吊り下げる姿は、もはやトレッキングのアイコンになって久しいが、深さが浅いのでいざとなったら地面も掘れるし、カヤックなどの浸水時に水を掻き出す能力が優れているのも、実は隠れた才能である。

これがあると面白いことができる食器

プラスチックは敵じゃない。

キャンプや自然が好きな人にとって、木やコットン、金属や皮（革）のように、自然素材こそ至高で本物だという風潮がある。確かにそれらの風合いは美しく、経年で渋く変化したりするから愛されることが多いのも頷ける。つまりその逆のプラスチックというのは敵のような存在のようだが、本当にそうだろうか？

プラスチックは自然志向の方々には敵視されているが、言ってしまえばそれは適材適所である。衝撃が加わった場合金属は凹むが、ある程度までならプラスチックは元に戻る場合が多い。柔軟でどんなものにも姿を変えられ、量産に向いている特徴から、実はキャンプ用品の素材にも結構昔から使われているのだ。

考えても見てほしい。キャンプ場で使われているテントの多くは、今「多くは」と書いたが、実際は「ほぼ全て」プラスチック素

材だ。もうそれがないとダメなんですよ。

日本人はプラスチックというと硬い素材で、ナイロンやビニールというと柔らかい素材のようなイメージを持っているが、レジ袋は英語で「プラスチックバッグ」だ。つまり硬い柔らかいは関係ない。最近は鉄の数倍の強度を誇るプラスチックもある（重量比）。

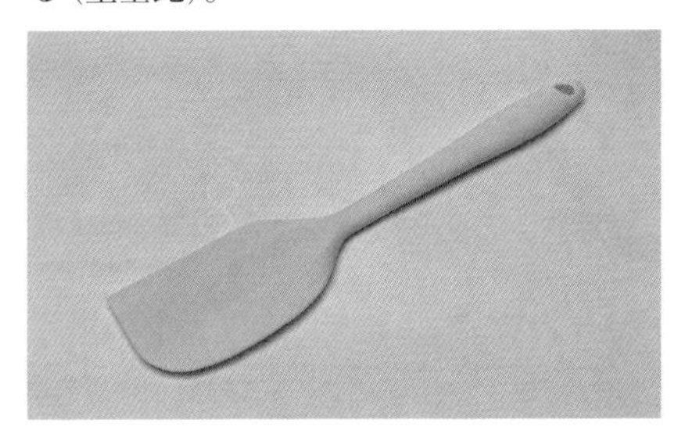

実は最近家庭には新しい素材のプラスチック食器が浸透してきている。浸透してきているのは、それが便利で耐久性があり、そして美しいからだ（女性はこれをカワイイと表現することが多い）。だから私たちもキャンプでこれを使わない手はない。

お勧めは「シリコンスプーン」だ。

これはすごい。キャンプでカレーを食べることも多いと思うが（だから本書にはカレーメニューはない！）、シリコンスプー

ンで皿からカレーを食べると、これは革命なんだと思う。まずスプーン本体は剛性があるのだが、先端周辺はシリコンらしく柔らかい。なので陶器の食器に使ってもカチカチ嫌な音がしないのだが、シリコンスプーンの真骨頂はそこではない。端が柔軟なため、皿を舐めるように料理を取れるのである。ずいぶん前からあるスパチュラと呼ばれる混ぜ物をするときなどに使うシリコン製のヘラがあるが、あれについた食材を舐めるのはちょっと罪悪感がある。お行儀が悪いからだが、シリコン製とはいえそれがスプーンだとどうだろう？　スプーンは口に入れるものであるから、スパチュラのヘラを舐めるような背徳感もないし、誰にも咎められないし、皿はピカピカだ！

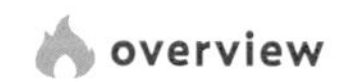

アウトドア用品

昔は工業製品だったこれらも、時代とともにレジャー用品へと変化した。

一口にアウトドア用品とは言うが、この世のほぼ全てのものはアウトドアにて使用できる。なので初心者が最初から専用の道具を用意する必要はないし、野に出てみてあった方が良いと思うものを少しずつ集めていけば良いと思う。

ただし「アウトドア用品」と呼ばれているものはそれ専用に特化しているものが多いから、確かに収納するときもコンパクトになるし、破損しにくいし、雨にも強かったりする。そしてどの世界でもそうだが、アウトドア用品にすら普及品と高級品があり、ガジェットが好きなマニアには憧れるブランドや商品がある。テントなどは数千円のものがある一方（これですら十分に寝泊まりできるしカッコイイ！）、同じ大きさや収容人数なのに数十万円のものもある。

確かに普及品では、価格を抑えるために本来使いたい素材の代替材が使われていたり、生産地を新興国にしたりでコストを抑えているが、高級品では素材が最適化されていたり、先進国でデザインから生産までされている場合が多い。

まさにこの世界も「沼」なのだ。適当なところで抜け出すのが難しいのは確かではある。ようこそ、楽しい沼へ！

テント　寝袋

仮の住まい、だからこそ快適でいたい。

テントといえばキャンプのアイコン的存在だし、これがなくては始まらない感がある。最近はデイキャンプと言って泊まらずに日帰りするキャンプ？も流行っているが、それとてテントを張る場合が多い。周りからの視線を遮ってプライバシーを確保してくれる、なくてはならない存在なのだ。

テントはその昔、黄色い三角形をしたものと相場は決まっていたし、キャンバス生地の重いものだった。テントを表すイラストなどでも、現在もノスタルジックなそれを用いられることが多い。だが、現在はそのようなテントは一部の高級ブランドのものでしか見当たらないし、多くが設営が簡単なドーム型だ。設営時間を短縮できるというのは、その場で有用な時間を長く取れるということもあるが、それより撤収が早いという方がメリットが大きいように思う。これから日常に戻ると意識するときは、何もかも面倒になるものだ。だから片付けが簡単にできるに越したことはない。形が複雑なものは設営・撤収に時間がかかるし、価格も高いことが多い。が、自身の家だ。形を含めて気に入ったものを選ぶべきだと思う。

寝袋という寝具は面白い。文字通り「袋」なわけだが、人間の最低限の範囲というか、これだけの広さならギリギリ寝られるという大きさを攻めている。これもテント同様に、様々な素材や形があるが、「ブリザード吹き荒むマイナス数十度の死と隣り合わせの極寒地で野営する」という猛者は本誌読者には居ないと思うので一般的な話をさせていただくが、形はマミー型や封筒型がオーソドックスなものだ。最初は化学繊維の綿が入ったものが、軽くて家でも洗濯もできて便利だと思う。だがもし移動がクルマで大きい荷物を運べるなら、ご家庭で使っている布団一式でも何も問題ない。いやむしろその方が快適だ。ただし、不便を楽しむのもキャンプ。長い時間をかけて各人最適なものを選んでいただきたい。

ナイフ

表面が硬いのであまりのめり込みやすくはないが、故にハマったら抜け出せない沼。

「無人島に一つ持っていけるものがあっ

たら何にする？」的な問答がよくあるが、アウトドア用品は数々あれど、これほど必要なものはないのではないだろうか。銃を持っているハンターですら、前出の質問には「ナイフ」と答える人は多い。大自然の中では、銃よりナイフが有利なのだ。理由は簡単だ。銃では肉が切れないからだ。

実は昨今流行りの「ゆるいキャンプ」では、ナイフより包丁の方が使い勝手が良い。しかし誤解ご批判覚悟で言うと、アウトドアで「男はやはりナイフ」なのである。野外では肉を切る、野菜を切る、魚を捌く、木を削る、焚き付けを作るなど、全て包丁では心許ないと言う心情になる。これは「1本で全てこなすには？」の回答がナイフなのであって、料理だけなら包丁の方が良いし、包丁より厚く作られているナイフは、実は野菜など切りづらい。しかしそんなことどうでも良いのだ。カッコいいナイフを腰に下げているだけで「ここは自分の世界」的な感じになる。全てその1本でこなせば「俺ってすごい」と自己肯定感も出る。ソロキャンなら誰も咎めるものはいない。是非気に入ったナイフを使ってもらいたい。

ただ一言言わせてもらえば、ナイフの刃渡りは長くても18cmあれば事足りる。20cmだと長く感じてしまう。誰かに襲われるのが前提ではないので、長すぎないものをお勧めする。

さて先ほど「男は」と書いたが、故に女性が包丁ではなくナイフを使いこなしていたとすれば、それはそれは美しい光景になることは間違いない。

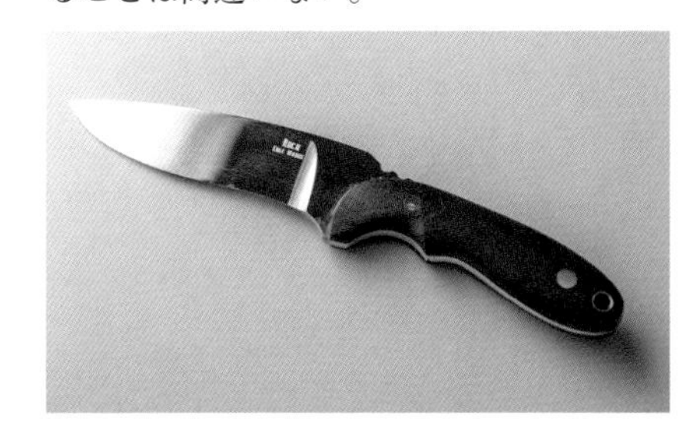

ライト

人間はこれを手に入れたことにより、夜のトイレも怖くなくなった。

ライト。つまり「光」だが、アウトドアでの光は、大きく二つの目的に分かれる。

まず一つ目は「キャンプサイト全体を照らす」もの。ランタンなどと呼ばれることが多いが、少し大きくて明るい。これとてさらに細分化されていく。灯油やホワイ

トガソリンが燃料の「燃やして明るい」系は人気だが「音がうるさい」と言う欠点もある。しかし昔のものはメインテナンスをきちんとすれば何十年でも使えるし、形、傷ともに味わい深くなってくる。昔の燃料系ランタンの中古価格が高騰しているのも頷ける。なんせ「そこにあるだけで美しい造形」なのだから。もしキャンプ場でこの手のものを使っていたら一目置かれるだろう。しかし現在はやはりと言うべきか「LED」が主流だ。音もしない。そして想像以上に明るい。光が白い…これは燃料系のランタンに比べると、経年では味わいではなく劣化していってしまい、多くが「メーカーが部品を出せない」状況になっていくが、価格がそんなに高いわけではないので、昨今の風潮からは外れてしまうが「使えなくなったら買い替え」と割り切るしかない。

もう一つは「個人的な手元を照らす」ものだ。おそらくアウトドア好きなら複数持っているに違いない。これにはいくつか理由がある。まず安いと言うこと。高級と言われているものでも数千円だ。店で「これ良さそうだな」と思えば躊躇なく買える価格だし、またキャンプサイトで他人が使っているものが良さそうだと影響されることも多い。

ゴムバンドがついたヘッドライト型のタイプや、いわゆる「懐中電灯」タイプまで形状も様々だ。その中でもヘッドライト型のものは、両手が空き暗がりでも本が読めるなど便利だし、手に持ってもさほど違和感はないから、一つ持つならこのタイプが良いかもしれない。以前はクリプトン球が使われているものが多く、レンズで光の収束を調整しても影が消えなくて気持ち悪かったが、今では押し並べてLEDだ。レンズの形状により、近くから遠くを照らせる。これは増えていくものと諦めて、色々試していただきたい。

ハンマー

叩くしか能がないわけではない。出る杭を打ったら、抜くこともできるのだ。

ハンマーのページなのに、いきなり冒頭から「百戦錬磨の猛者からは『ハンマーって特になくても良くね？』と言われるかもしれない」と書いたら身も蓋もないが、こと「何かを叩き込む」と言う作業は、まぁその辺に落ちている大きめの木の枝でもできるのは確かだ。

しかし、である。「何かで代用できるものほど、それ専用に作られたものは強い」のは確かだ。キャンプサイトでの主な用途としては「ペグを打ち込む」ことだが、地面が硬いほど打ち込むには力が必要だ。それにはハンマーの柄は握りやすく、かつヘッドはある程度重いことが要求される。ヘッドの硬さ(柔らかさ)も重要で、最近は(本末転倒な気はするが)ハンマーより高いペグもあるくらいだ。そんな高価なペグ(笑)を傷つけないためにも「重くて硬いが、当たる部分はちょっと柔らかい」と言う変な仕様が求められる。よって、柄は滑り止めがついていたり、ヘッドは剛性確保と重さのために鉄を使っているが、当たる部分は真鍮や硬質プラスチックになっているものも多い。

もちろんあなたが家に大工道具を持っているのなら、その中から、いわゆる「金槌」を持ち出しても良いのだが、その場合の多くが「叩き込めるが抜けない」と言うことになる。これがキャンプ用のハンマーの真骨頂なのだ。叩き込むという単純なことしかできないハンマーに「ペグを抜く」と言う機能を付与したのだ。そう、鉛筆のお尻に消しゴムをつけたアレと同じことなのだ。箒のお尻にチリトリをつけても全く役に立たないが、ハンマーの叩きつける面の反対側、もしくは柄の先端にペグを抜きやすくする突起がついているのは思いの外ありがたい仕様なのだ。

他のキャンプ用品と同じように、各メーカーが「我が社の製品こそ」とハンマー製作もシノギを削っている。そんなキャンプ用のハンマーだから、ランタンの蒐集家のように、そのうち「ハンマー蒐集家」と言う存在が確認されるかもしれない。

結論　キャンプ専用ハンマーはエライ！

あるとできることが増える道具

「これあったら便利だな」なんて一度でも思ったら最後。それはどんどん増えていくだろう。

この世の中は、ほぼ全てと言って良いくらい「これがあったら便利だな」「コレがあるとアレができるな」で成り立っている。だって考えてみてほしい。みんな大袈裟に「ないと生活出来ない」とか「なくなったら死んじゃう」とかいうけど、スマホなんてなくても本当は死なないし、スニーカーではなくても道は歩けるわけだ。なのでこの世のものはほぼ全て本来余計なものであるが、余計なものがないとできることが増えない、というかその余計なものでこの世は成り立っているのかもしれない。

例えば幅10センチの路上の白線の上はシラフなら普通に歩けるだろう。だけど幅10cmの平均台のようなものがグランドキャニオンのような渓谷にかかっていたらどうだろうか？　まず渡れない。シラフでもだ。

コレはどういうことかというと、歩くというだけなら理論上10cm幅で良いが、死なない安心感を得て普通に歩くには、余計な範囲が必要だということだ。つまり本来キャンプには、テントと寝袋があれば大体OKなんだ。寝袋だけで良いという猛者もいるにはいる。だが、雨が降っても（タープ）寒くても（寒冷地寝袋）虫がいても（スクリーンテント）テント下がゴツゴツしてても（エアマット）熊に襲われても（猟銃）、と考えると必要なものは際限なく増えていく。だから「安心して野外で寝る」ためには、この世のありとあらゆるものがあると便利なんだ。

「あ、あれも持っていこう」「おっとコレを忘れるところだった」というものはまず持っていってみよう。回数を重ねると取捨選択で自ずと減っていくと思うから。

結論　好きなものを持っていけ！

コレがあるとキャンプサイトが楽しくなる道具

生きるのが精一杯なはずの狩猟採取時代ですら、洞窟には壁画を描く人がいた。

キャンプをしない人から見ると、キャンプそのものが娯楽だと思っているかもしれないが、それは誤解だ。持っていくガジェットの質で、キャンプ時間の有意義さが変わってくるのだ。娯楽はキャンプではなく、キャンプの中身にある。そしておそらくあなたがすでに持っている道具ですら、ちょっと性質を変えたものを用意するだけでとても楽しくなるかもしれない。

例えば椅子。今は本当に色々なものが出回っているが、ほとんどの人は「普通の」を使っている。これを座面高が30cmちょいのいわゆる「ローチェア」に変えてみよう。そうするとどうだろう。焚き火が前よ

り親しい友達になる。地面でやる焚き火から、焚き火台を使うものまで、焚き火のコントロールがしやすい高さになる。そして足を投げ出しやすくなるから、ビールもおいしくなるだろう。誰も見ていないソロキャンプだ。せいぜいお行儀悪くしてほしい。

短いナイフ、これも面白い。短いとは刃渡りが5cm程度のものだが、ポケットに入れておいても邪魔にならないし、取り回しが良くて細かい作業ができる。カービングなどにもうってつけだ。料理を切ったらそれで刺して、そのまま口に運んだりしても良い。

バードコールを知っているか？　木の筒にネジが刺さっているような形状のものが多いが、笛もある。ぜひこれらで野生の鳥を呼んでみてほしい。自分の呼び掛けに応えた鳥がやってくるかもしれないし、呼びかけとは無関係にくる鳥もいる。どちらもひっくるめて自分が呼んだことにして自己満足しようではないか。

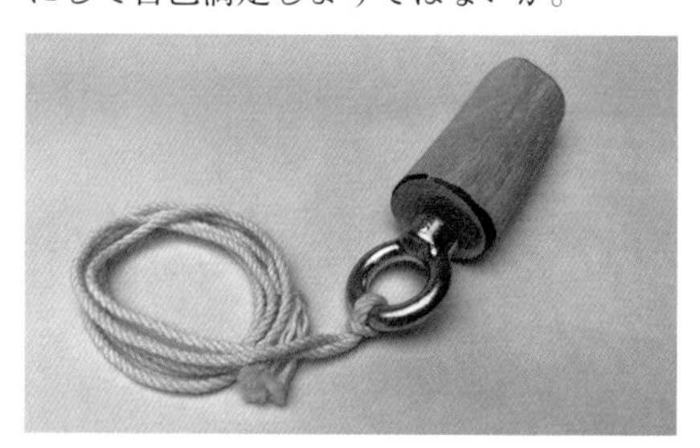

双眼鏡もあると楽しい。キャンプサイトには鳥をはじめ様々な動物がやってくる。彼らは人間がいることを利用して生活している。人間がそこにいることによって、捕食動物に襲われることがある程度防げるわけだ。私たちは彼らに恩恵を与えているんだ。だから彼らの私生活を少しくらい覗いても罰は当たらないだろう。ただし、親の熊はもちろん、可愛いからと言って単独の子熊がいたら双眼鏡で覗いている場合ではない。なるべく静かに、そして速やかにその場を離れよう。

結論　熊はヤバい。

Column

魅惑の100円ショップ

一昔前は安かろう悪かろうと言われていたが、最近の100均は素晴らしいぞ！

100円ショップのブランドはいくつかあり、それぞれがオリジナル商品を出している。「安かろう悪かろう」の代表のような扱いを受けていた時期もあったがそれは昔のこと。最近は商品のクオリティも上がって見た目もおしゃれになってきている。

ではソロキャンに使えるものがあるかということだが、結論から言うと、ある。鋼鉄製、プラスチック製、シリコン製など様々だが、それは適材適所に作ってあって、見た目もなかなかだ。特にブランドに拘らないなら、食器類なら間違いなく100均だけで揃うだろう。

overview

アルミホイルで作る簡単調理器具

アルミホイルって、自身の手で自在に変形させせることができる優れものだ。

アルミホイルは純アルミニウムを圧延して作られるが、その厚みが10μm前後(製品によって違う)の厚さ(薄さ)なので、人間の手で自由に形を変えられると言う特性がある。熱伝導性も良好。これをうまく使わない手はない。

とは言ったものの、皆さんすでに、そうあなたが男子なら、小学校の頃のお弁当に使われていたアルミホイルをボールにして遊んだこともあるかもしれない。そしてそれの進化版だとは思うが、突き固めて巨大なボールを作るYouTuberもいる。アルミホイルは自由だ!

アルミホイルはいい加減にクシャクシャにすれば空気を含んだ層が厚くなり、表と裏での熱伝導を抑えられるから手に持つものに。丁寧に畳めば薄く熱伝導が高くできるから調理器具に向く。なので主にその二つの方法が使えるが、裏技もあるので、ぜひ本書を最後まで読んでいただきたい。

アルミホイルも様々な種類が売られている。100均ですら手に入る。ぜひ皆さんも様々なアルミホイルをお試しいただきたい。

個人的には様々な知識が増えるのは全ての面において好ましいと思うのだが、このアルミホイルの知識に関しては、就職や学業にとって全く役に立たないであろうことを付け加えておく。

さあ、あなたも楽しいアルミホイルで楽しい工作を!

皿、器

固形物やユルイものにはコレ。

皿などは、料理をそこにおくだけのものというわけではなく、それが美しいと料理が映えるし、映えれば美味しさも実際以上に感じるという不思議な代物である。アルミホイルを平面状にただ出して敷き、そこに料理を置くというのは、食事という行為だけでは成立するが、それだけではやはり味気ない。

陶芸などやらずとも、持ち運んでも壊れない食器は作れる。アルミホイルを数メートル出して重ね、火で炙り、叩いて伸ばしまた折り畳んで重ねる。伸ばしたい方向に叩いていけばこのような器をその場で作ることもできるのである！　ちょっと時間かかるけど・・・

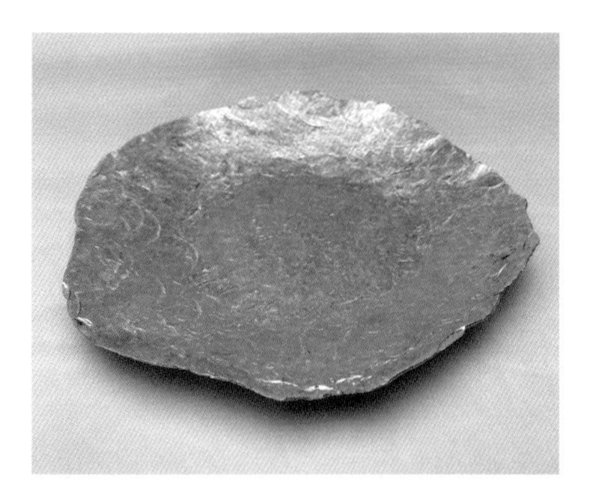

コップ

引力から液体を守る道具。

コップ、要は液体を口元まで運べるように、地球の引力から守る器である。コップは人間の証のような気がする。今でも皿に置いた料理を素手で食べる文化は存在するし尊重するが、普段の家庭での食事で、流れている川までいって、川に直接口をつけて水を飲む文化はない（多分）。つまり、何か器で飲むのが普通である。人間だからできることだ（一部の猿は植物の葉でそれをやるらしいが）。

アルミホイルをくしゃくしゃにコップの形にすると、中に空気の層ができて、熱伝導性の良いアルミなのに、熱いものを入れた時でもある程度は手で持てるようになる。

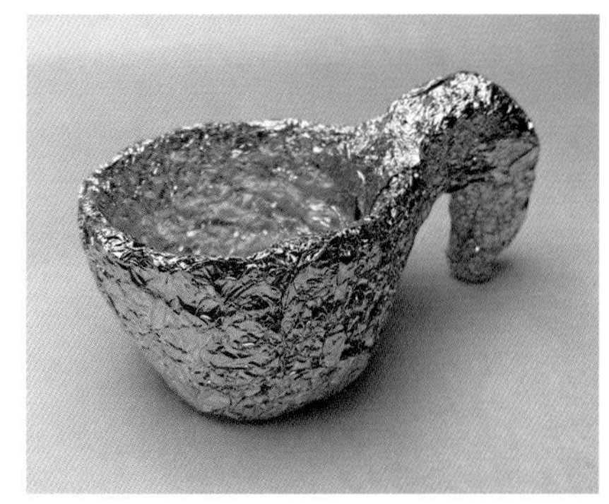

鍋

普段もコンビニでよく見るぞ。

アルミホイルで鍋を作るというと、クシャッと潰れたりしないか心配だと思う。アルミホイルには色々な厚みのものがあると別項でも説明しているが、ある程度厚いもの、もしくは何重かにすれば強度は保てる。昔から日本のある種のファストフード、そう、コンビニやスーパーで売られている「鍋焼きうどん」などの器。あれは厚いアルミホイル（シート）の成型品だ。直接火にもかけられるし、手で持っても歪まない（ちょっとはシナッとなるけど）。

私たちが作る場合、鍋の縁のところを2回ほど折り返すだけで、形と強度を保てる。

ナイフ

これぞ利器代表！

ナイフはアウトドアに限らず、なくてはならない道具である。

昨今はそれらを持ち歩くと、職質などで厄介で面倒なので控えたいが、キャンプに行く、狩猟に行く、などの「正当な理由」がある場合は携帯は許される。でもこれとて車などで移動の際は、すぐ取り出せないところに置く必要があるから注意してほしい。

さて、アルミホイルでナイフを作るのは難しいが楽しい。日本刀の製造方法の「折り返し鍛造」という技術を使う。と書くと難しそうだが、なんのことはない。アルミホイルを重ねて炙って叩いて、それをまた折込んで…の繰り返しである。番外編を参照してほしい。

実践編

アルミホイル・
ソロキャンレシピ

凡例

レシピのページでは以下のアイコンが使われています。

加熱方法

直火焼き
文字通り直接火に入れる加熱法です。

網焼き
火の上に網を置いて焼く加熱法です。

特殊熱源
変なもので焼く加熱法です。

調理時間

調理時間
調理時間の目安です。大体です。

レシピの系統

肉系
肉系のレシピです。

魚系
魚系のレシピです。

野菜系
野菜系のレシピです。

主食系
炭水化物系のレシピです。

フルーツ系
フルーツ系のレシピです。

スイーツ系
スイーツ系のレシピです。

工作系
もはやレシピではありません。工作法です。

第1章

肉焼き系
レシピ

・トレーのひき肉そのままステーキ
・ローストビーフ
・チキンバー
・カモネギ
・和風ニジマス
・イカねぎ
・えびニンニク
・ちゃんちゃん焼き
・スタンディングねぎのすき焼き
・鶏と鶉のポン酢蒸し

レシピ：TAKA

トレーのひき肉そのままステーキ

調理前のトレー肉をボールに移して混ぜるなんて誰が決めたのか。

材料1人分

- **具**
  ひき肉…好きなの1パック
- **調味料**
  塩・胡椒…少々
- **あるとおいしい**
  焼肉のタレ
  ニンニク（チューブ）

トレーのラップを外したら、肉に塩胡椒を適量振りかけ、スプーンで肉を満遍なく抑えて空気を抜く。

アルミホイルを見た目40cmほど引き出すか、二重にするか（その場合80cm分）、厚手のものを使おう。

ワンポイント

ミンチの空気を抜くために何かに叩きつけたいのなら、アルミホイルに包む前にラップをし直し、トレーを高いところから地面に落とすと良いだろう。やりすぎるとトレーが割れてカラスの餌になるので注意したい。

こんな感じ

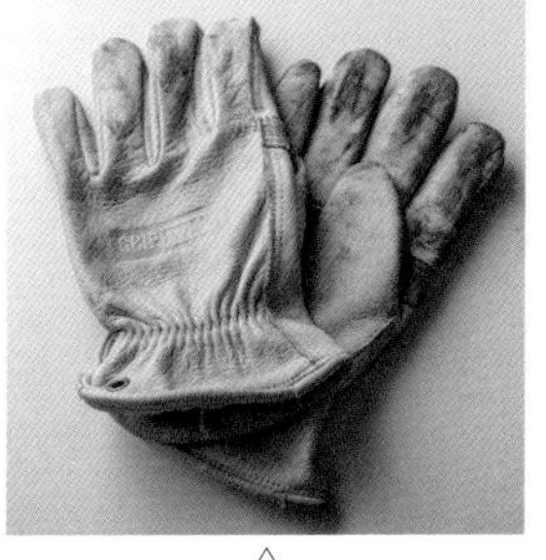

革手袋

STEP 3

ホイルの上にトレーを勢いよく逆さまに叩きつける。途中で肉が飛んで行かないように注意すること。その肉をアルミホイルで丁寧に包む。肉があまり分厚くならないようにしてほしい。

STEP 4

中火ほどの火に乗せて片面5分、裏返して（ホイルごとですよ）約5分で焼き上がるはずだ。肉を厚くするほど時間がかかるのはわかると思う。

STEP 5

このようなものをテーブルに移すのは楽ではないので注意してほしい。素手であればどこを持っても誠に熱く火傷不可避である。

盛り付けのヒント

アルミホイルのまま、ちょっと大きめな皿に載せ、付け合わせをその周りに散りばめても良いだろう。焼肉のタレや、すりおろしニンニクを載せるとなかなか美味だ。
アルミホイル上の肉を金属のナイフとフォークで上品に食べるのも結構だが、異種金属間で起きるガルバニー電流に注意してほしい。

ローストビーフ

ホテルの味を独り占めだ。

材料1人分

● **具**
牛ブロック肉…1パック

● **調味料**
魔法のだし塩（普通の塩・胡椒でもOK）…少々

● **あるとおいしい**
ガーリックパウダー

肉というのは熱を入れると小さくなる。だから「少し大きいかな？」と思うくらいのものを買った方が良い。

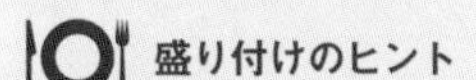

タレは不要だ。なぜなら、これ以上ないおいしい肉汁と「魔法のだし塩」が良い仕事をしてくれている。あなたはただ肉をスライスしてアルミホイルの中にあるものを食せば良い。もしこれが前菜にあたるものだとしたら、ガーリックパウダーをかければ、かなり食欲が増すはずだ。

STEP 1
トレーをひっくり返してからラップを剥がしてトレーをそっと外そう。そうすればラップの上に肉が載っているはずだ。肉の全ての面に「魔法のだし塩」を振りかけラップで包もう（普通の塩・胡椒でも良いが）。こうすれば手も汚れない。そして10分ほど寝かせよう。そのときは焚き火も燃えているだろうから、あなたが寝てしまわないように。

STEP 2
テーブルにアルミホイルを広げよう。50センチもあれば十分だ。そこにラップから取り出した肉を置き、クルクル包もう。両端もしっかり巻くこと。

STEP 3
その後焚き火に放り込むのだが、文字通り放り込まず、そっとやった方が良い。閉じた部分を上にし、なるべく水平に。うまく置けたら上にも少し炭を載せておく。

STEP 4
10分ほどしたら一旦焚き火から取り出し、火の近くに30分ほど放置してみよう。出来が心配ならホイルを開けて一部をカットしてみることをお勧めする。あなたしか食べないのだから見た目は気にする必要はない。

チキンバー

メインディッシュにもなりうる逸品。

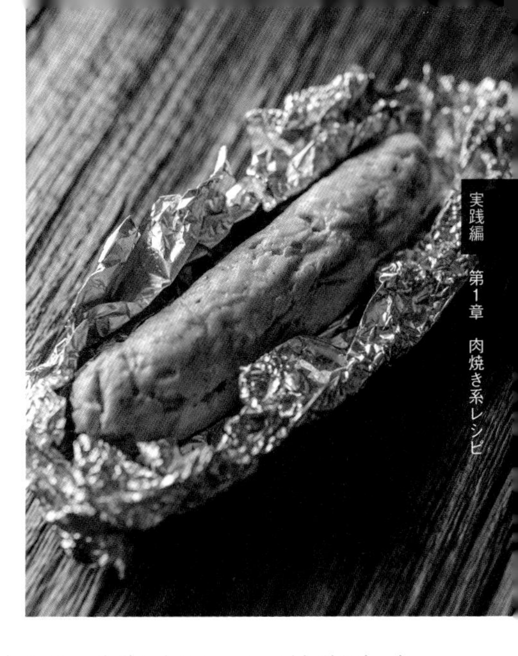

材料1人分

● 具
鶏ひき肉…200g

● 調味料
ペペロンチーノの素（普通の塩・胡椒でもOK）

● あるとおいしい
胡椒

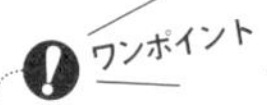

とにかくよく練り込むこと。

STEP 1 鶏ひき肉のトレーを逆さまにしてラップを剥がす。肉はラップの上に。

STEP 2 ペペロンチーノの素を振りかけたら、ラップで包んでよく揉む。ちなみに塩・胡椒でも良い。

STEP 3 「くっつかないアルミホイル」に、細長く肉を取り分けてクルクルと巻き、火の上に。巻物の直径は2センチ以内にする方が良い。ホイルの両端はキャンディのように巻き締めておくこと。

STEP 4 片側4分ほど焼いたらひっくり返しもう3～4分で完成だ。

盛り付けのヒント

他のアルミホイル料理、特にハンバーグなどの付け合わせに良いだろう。肉には肉だ！

カモネギ

ベタではあるが、やはりカモにネギは最高の組み合わせ。

30 min.

材料1人分

鴨胸肉…半身
ネギ…ちょっと

● **調味料**

マキシマム（普通の塩・胡椒でもOK）…適量

カモ肉はどこのご家庭の冷蔵庫にもある(!?)と思うが、狩猟免許を持っていない人は通販という手もあるので活用しても良いだろう。カモがまだ丸のまま手元にある場合は、羽をむしって胸肉を取り出しておこう。

マキシマム（なければ塩・胡椒で可）を胸肉全面に振りかけ、アルミホイルで包む。その際脂の面がわかるようにしておくこと。ネギは好きなように刻み切りにしておく。

脂の面を下にして網の上に置く。火は中火で良い。10分ほどしたら裏返す。そしてさらに5～6分したら火を止めて10分以上そのままにする。

ホイルから肉を取り出したら、薄くスライスしよう。刻みネギをかけたら完成だ！

狩猟免許を取るところから始めるとものすごく時間がかかるので注意してほしい。

応用編

マキシマムを使わずに、最後に醤油という手もある。その際はチューブのニンニクなどを添えると美味だ。生の刻みネギを最後にかけるのではなく、もちろん最初から一緒に焼いても良いだろう。ただし香りは生の方が上だ。

和風ニジマス

味噌が重いならテクノロジーに頼ればいい。

材料1人分

- **具**
  ニジマス…1尾、大根サラダ…半人前
  水…50ml
  フリーズドライ味噌汁の素…1個
- **あるとおいしい**
  チューブの生姜

フリーズドライの味噌は固形や粉末があるが、どちらでもおいしくなるだろう。

STEP 1 ニジマスの内臓を出して、表面をよく洗いながら鱗を落とそう。

STEP 2 アルミホイルに大根サラダを敷く。その上に薄くスライスしたフリーズドライの味噌汁の素を置き、その上にニジマスを寝かせる。水もここで入れる。

STEP 3 ホイルを包んだら焚き火の灰の上ににそっと置く。なるべく水平にしよう。

STEP 4 30分ほど放置したら完成だ。

盛り付けのヒント

ホイルをそのまま、ちょっと広い器に載せよう。
味噌の味をもっと引き立たせるために生姜をチューブから3cmほど出しても良い。

イカねぎ

イカもまさか自分の足を体に入れられるとは
思っていなかっただろう。

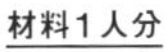

材料１人分

● **具**
細めのイカ…2杯、太めのネギ…１本

● **調味料**
不要

● **あるとおいしい**
イカとネギだけでおいしいがどうしてもと言う方は醤油を。

ワンポイント

内臓とスジは調理前に取り除くこと。イカスミや塩辛が好きな人はそのままで良いかもしれない。

STEP 1 イカのゲソを外し、内臓とスジを取り除いたら、ゲソを胴体内へ。

STEP 2 ネギの青ネギ部を適当な長さに切り、白ネギ部をその中に入れ、それをイカの中へ差し込む。青ネギの残りは刻んで、料理が完成したら振りかける。

STEP 3 ホイルに包んだら焚き火の上にそっと置く。10分くらいしたら焚き火から取り出し、さらに10分くらいそのままで置く。

盛り付けのヒント

輪切りにすると食べやすい。
調味料が不要なことに驚くかもしれない。でもそれはイカのおいしさにかかっていることを忘れないでほしい。スーパーでイカの目利きができるかにかかっている。

えびニンニク

えびとニンニクってガチ友だと思うよ。

材料1人分

冷凍むきエビ…1袋
ニンニク…3片

●**調味料**
バター…少々
ペペロンチーノの素…適量

面倒臭くてもニンニクをすりおろしてはいけない。そこは押さえてくれ。とにかく刻むんだ。ニンニクの細かい食感が命なのだよ！

ニンニクの皮を剥く。カケラにしてある場合、両手のひらに包んでゴシゴシするだけで皮は剥ける。盤茎だけ切り落として、ひたすらみじん切りにしよう。

アルミホイルを適宜広げ、むきエビとニンニクとペペロンチーノの素を入れる（なければ塩·胡椒でも良い）。バターはまだ入れない。

焚き火に放り込むのだが、そっと火の上に置いてほしい。

多分10分ほどすると食欲をそそる香りがしてくるはずだ。そうしたら焚き火から取り出し、ホイルを開けてバターを落とそう。

warning

最初からバターを入れた方がおいしいはずだと皆さんは思うかもしれない。そう、その通りだ。だがバターを入れてから焚き火に入れると、溶け出した油分がホイル外に出て炎上してしまうことがある。炎上はどの世界でもゴメンだから、そこは我慢して私の言うことを聞いてもらいたい。

ちゃんちゃん焼き

TKGと違ってCCYと訳されない強者。

材料1人分

●具
シャケの切り身…1枚
五目野菜炒めセット（カット野菜）…1袋

●調味料など
塩胡椒…少々、味噌…大さじ3
日本酒…ちょっと、バター…一欠片

ワンポイント

野菜を切るのが楽しみなら別だが、コンビニに行くと切った野菜のセットがある。それらを使えばキャンプサイトでのゴミも減る。
味噌は出汁入りのものを使うと、なかなか良い味になるぞ。

STEP 1 アルミホイルを30cmくらい用意し、カット野菜を入れ、その上にシャケを載せる。

STEP 2 シャケに少しだけ塩胡椒を振り、その上に味噌を乗せる。

STEP 3 具材の周りに日本酒をひと回しし、ホイルを閉じる。火は弱火～中火で蒸し焼きにする。15～20分くらいで完成するだろう。

盛り付けのヒント

陶器の皿に移すと風流だが、ホイル焼きなのでそのままで良いと思う。木の箸を使わないとガルバニー電流の餌食になるから注意だ。

レシピ：TAKA

スタンディングねぎのすき焼き

言っておくが、長ネギは立てろ！

材料1人分

●**具**
牛細切れ肉…120g
長ネギ…1本
卵…1個
すき焼きのタレ…80ml

STEP 1

二枚重ね、もしくは分厚いアルミホイルで浅い鍋を作る。ついでに蓋も作ろう。

STEP 2

牛肉は食べやすい大きさに切り、すき焼きのタレにつけておく。肉が入っていたパックを使うと洗い物が減る。

STEP **3**

長ネギは3cmほどの長さに切る。彼には後で立っていてもらうので、ネギに対して直角になるように切る。「差し金」を使っても良い。

＼こんな感じ／

STEP **4**

器の中央に長ネギを「立てて」並べる。その周りに牛肉を。肉をつけていたタレもかけてしまおう。

＼こんな感じ／

STEP **5**

蓋をして火にかける。弱火〜中火で5分ほどで良い加減になるだろう。

盛り付けのヒント

やはり溶き卵で食べるのが王道だろうと思う。白いご飯がススムのは間違いないだろう。

鶏と鶉（うずら）のポン酢蒸し

ワン調味料！　異種鳥類のコラボ。

材料１人分

●**具**
鶏手羽中…６本
鶉卵水煮…６個
ポン酢…50ml、水…50ml
ニンニク…一欠片
生姜スライス…２枚

アルミホイルで蓋を作ってほしい。

レシピ：TAKA

STEP 1
二枚重ね、もしくは最初から分厚いホイルを使おう。直径15センチほどの器を作るのだが、食器などで型取りすると美しくなるだろう。

アルミホイルの器を先に網の上に置き、そこに材料を全て入れる。逆の手順だとホイルが型崩れして具材が溢れることがあるので注意だ。

ホイルで作ったぴったりの蓋をして、弱火～中火で5分煮る。一度蓋を取って具材を裏返し、もう5分煮る。

蓋を外して2～3分煮詰めたら完成だ。

warning

もし貴方が犬と一緒にキャンプに行った場合、彼らはこれをものすごく欲しがると思うが、ちょっと待ってほしい。火を通された鶏の骨は、折れるとササクレて、犬の食道や胃を傷つけてしまうことが多いので、絶対にあげてはいけない。

第2章

つまみ焼きレシピ

- 丸ごと玉ねぎコンビーフ
- トマトと深谷ネギとチーズ
- じゃがバター塩辛
- ニンニク焼き
- いぶりがっこ
- ポップコーン
- 焼きねぎ
- 焼き卵
- 焼き芋ウイスキー

丸ごと玉ねぎコンビーフ

丸ごとと言ったら丸ごとだ。

材料１人分

- **具**
  玉ねぎ…１個
  コンビーフ缶…１缶
- **調味料**
  塩・胡椒…少々
- **あるとおいしい**
  バルサミコ酢

皮付きのままの玉ねぎの、先っちょだけ少しカットする。そうしたら上から見て十時線のように割る。底はつなげておくように。

十時線の割れ目を若干無理やり開き、その隙間にコンビーフを詰め込もう。当然玉ねぎ上部が少し開く感じになるが、それでいい。

ワンポイント

茶色い皮がヒラヒラと目障りなら、少し剥がしても良い。剥がしたものは焚き火に入れよう。

こんな感じ

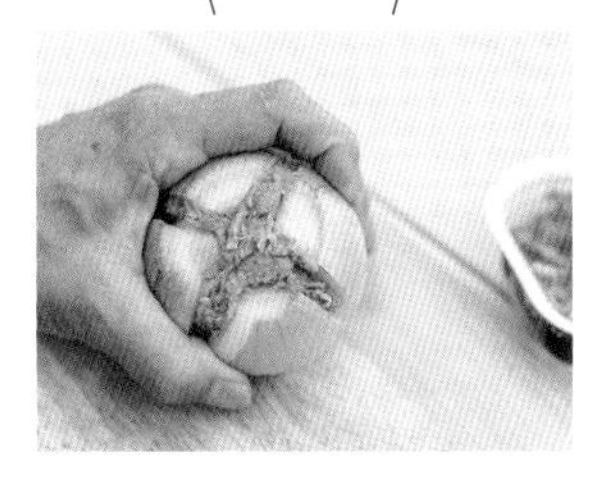

STEP 3

アルミホイルをほぼ正方形に切り出したら、その真ん中に玉ねぎを置こう。

STEP 4

アルミホイルは、閉じる部分が全て上になるように包む。余った部分は写真のように上に伸ばしておけば、焚き火に出し入れしやすくなる。

このように焦げた部分は剥がそう

STEP 5

焚き火に放り込んだら、20～30分放置しよう。もし片面にしか火が当たらないようなら、回して満遍なく火が通るようにしよう。焦げたらどうしようなどと心配しなくて良い。ごげた部分は剥がしてしまえば良いのだから。
焚き火から取り出したら10分ほど休ませよう。
塩気はコンビーフから出ているが、足りないようなら好みで塩胡椒を。バルサミコ酢もなかなかだ。

盛り付けのヒント

ホイルを開いた状態で食すのも良いが、外側を剥いた後、大きめのカップに入れて食べるのも良いだろう。そうすれば、半分ほど食べた後に熱湯を注げば、肉の出汁が出たおいしいオニオンスープが瞬時に完成する。

トマトと深谷ネギとチーズ

部屋とシャツと私のようなものです。

材料1人分

●具
深谷ネギ…1束
トマト…1個
チーズ…適量

●調味料
塩・胡椒…少々

●あるとおいしい
タバスコ

ワンポイント

青ネギの部分は遠慮なく切り落とすことをお勧めする。贅沢に真っ白い部分だけを使おう！

STEP 1 ネギは白い部分だけを贅沢に使おう。斜め薄切りがおいしいと思う。トマトは普通にスライスしよう。

STEP 2 ネギとトマトをアルミホイルに包む。チーズは敷いてもかけてもどちらでも良い。

STEP 3 焚き火に放り込む。全て生で食べられる食材なので、出来上がり時間はそんなに気にしなくて良い。ただしチーズが焦げる匂いがしてきたら焼き過ぎだ。

盛り付けのヒント

盛り付けない！

じゃがバター塩辛

塩辛は調味料である。

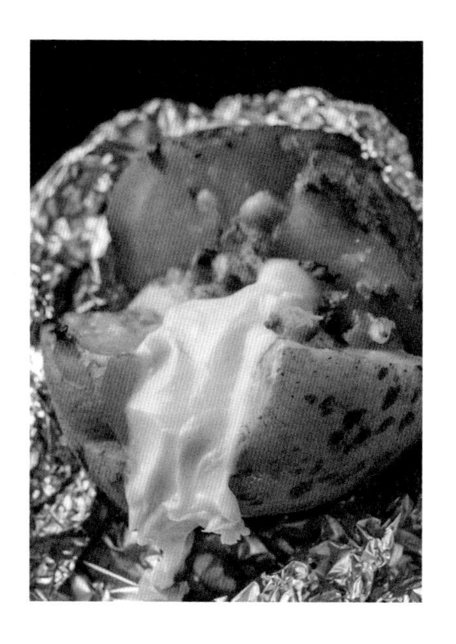

材料1人分

ジャガイモ…1個

● **調味料**

バター…一欠片

塩辛…適量

STEP 1 ジャガイモの天辺にナイフで十字線の切れ目を入れる。皮は剥かない。十字線の切れ目を半ば強引に少し開き、塩辛を詰め込む。

STEP 2 アルミホイルで包んで焚き火へ放り込む。

STEP 3 焚き火から取り出したら、バターを載せる。

ニンニク焼き

あなたはそのままでいてください。

  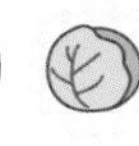

材料1人分

ニンニク…1個

● **調味料**

塩胡椒

STEP 1 ニンニクを1束アルミホイルで包んで焚き火へ放り込もう。皮なんか剥かない。

STEP 2 10分ほどで焚き火から回収し、中を確認したら皮を剥き、塩胡椒をかける。

いぶりがっこ

大袈裟な燻製機なんていらない。

材料1人分

たくあん…好きなだけ

●食べない調味料

スモークウッド

●あるとおいしい

味の素

STEP 1

突き固められたタイプのスモークウッドをナイフで細かく削る。

STEP 2

アルミホイルに削ったスモークウッドを敷き、その上にたくあんをおく。

ワンポイント

たくあんの水気はキッチンペーパーなどで良く取っておくこと。

\ こんな感じ /

STEP 3

置いたたくあんの上に、さらに削ったスモークウッドを載せる。

STEP 4

アルミホイルで包むのだが、ちょっと緩めに包んでほしい。

STEP 5

焚き火に放り込んだら、その存在を忘れてしまおう。本を読んだりコーヒーを入れたり、別の料理などに時間を費やそう。もうこの料理は待つしかないし、中で焦がすのが仕事だから。

このように真っ黒なものが現れる

STEP 6

頃合いを見て、そう、いつ焚き火から取り出しても良い。ホイルを開けると真っ黒い物体が現れるのだが、その黒いものをナイフでこそぎ落としてキッチンペーパーで拭き取ってほしい。

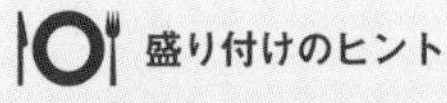

盛り付けのヒント

スライスしたら、ぜひ陶器の皿に載せてほしい。
味の素をかけると懐かしい味になる。

ポップコーン

爆裂種というパリピなコーンを熱して
爆発させる料理。

材料1人分

- **具**
  爆裂種のコーン
- **調味料**
  バター
  塩胡椒
- **あるとおいしい**
  キャラメルシュガー

ほぼ正方形に切ったアルミホイルに、コーンを一つかみ入れ、バターを一欠片入れる。

ホイルを巾着のように包もう。ゆるゆるの巾着のように。

弱い火にかけよう。強火だと下が焦げてしまうから。

最初の爆裂が始まるまで少し時間が必要だから、火の脇で本でも読もう。

入れたコーンの8割程度が爆発する音が聞こえてきたら火から下ろそう。火の強さによって違うが、おおよそ5〜7分くらいだろう。下ろしてもたまに弾ける奴がいるので、ホイルを開けるのは少しおいてからの方がいい。

ワンポイント

爆裂し始めると体積が増えるので、アルミホイルはその分余裕を持たせた包み方にすること。

盛り付けのヒント

最初からキャラメルシュガーを絡めておくと甘くておいしいのだが、見た目を気にしないのであれば後からかけても良い。
ホイルは冷えるのも早いので、ホイルから直で食べても良いと思う。

焼きねぎ

こんなに簡単で香り高い料理があるだろうか？

材料1人分

● **具**
太いネギ

● **調味料**
醤油

● **あるとおいしい**
いや、むしろ醤油だけで

泥がついていたり汚れたりしている表皮を手でむしり取り、青ネギの部分を切り取るだけで準備は完了する。

ネギの表面を数枚剥いて綺麗な面を出す。緑の葉は切り落とす。

STEP 2

アルミホイルに包む。

STEP 3

焚き火に放り込むのだが、文字通り放り込んで良い。たまにひっくり返しても良いだろう。

5～6分したら焚き火から取り出そう。もし派手に焦げていても心配はいらない。その部分を剥いでしまえば良いのだから。醤油をさっとかけたら完成だ。

中が熱い。噛んだらジュワッと滑り出してくる中が熱いんだ。だから火傷には充分注意してもらいたい。舌を火傷すると、2～3日間の食事が台無しだ。

焼き卵

卵焼きにあらず。

レシピ：TAKA

材料1人分

● **具**
卵…2個

● **調味料**
お好きなものを

● **あるとおいしい**
塩

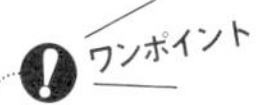

ワンポイント

焚き火なら少し遠火。カセットコンロなら弱火が良いだろう。

殻のままの生卵を水で濡らしたキッチンペーパーに包み、それをさらにアルミホイルで包む。キッチンペーパーのかわりにティッシュペーパーでも良いだろう。テッシュの場合は2枚使おう。

転がし焼きをしても良いのだが、面倒なので2面焼きでも良いだろう。片面6分ずつ弱火で焼こう。

応用編

焼き卵の殻を剥いたらフォークでつぶし（中身をですよ！）、マヨネーズと塩胡椒で和えてタルタル卵にしよう。トースト（アルミホイルで食パンを包んで焼くだけ）に載せれば最高！

焼き芋ウイスキー

芋を酔わせてみる。

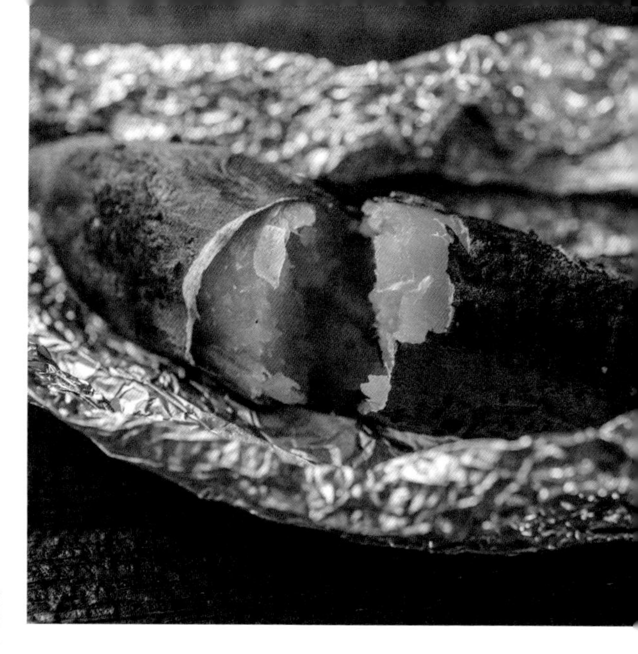

材料1人分

紅はるか…好きなだけ

● **調味料**

バーボン…少し

● **あるとおいしい**

バター

バーボンをスコッチに、ブランデーに、ジンにすると、また少し違った香りが楽しめる。

STEP 1 芋1本にキッチンペーパーを巻こう。そのキッチンペーパー（なければティッシュペーパーでも良い）にバーボンを染み込ませる。バーボンは何でも良いが、メーカーズマークなどお勧めである。

STEP 2 キッチンペーパーごとアルミホイルに包む。黒いアルミホイルが効果的かどうかはわからないが、焼き芋には評判が良いので使ってみよう。

STEP 3 焚き火に放り込んでも良いが、焚き火の火の上でも問題ない。ただしその場合は適宜ひっくり返すこと。

STEP 4 30分ほどででき上がると思う。ホイルとキッチンペーパーを剥がせば、焼き芋は皮ごと食べても問題ないことを言っておこう。少し焦げた皮はコーヒーの香りがする。

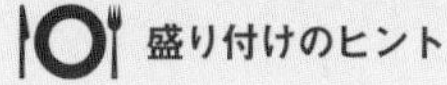

革手袋でホイルを掴んで食べるのが良いだろう。皮を少し剥いてバターを載せると、ついもう1本食べたくなるので注意してほしい。

第3章

スイーツ系 レシピ

・カンパリンゴ
・BBBベイクドバターバナナ
・甘すぎる洋梨
・たい焼き
・べっこう飴とすもも飴
・HOTミカン
・おかしなBBQ
・最高のおしるこ

カンパリンゴ

カンパリはソーダで割るだけではない。

●具
リンゴ…1個

●調味料
カンパリ…少々
バター…ちょっと

●あるとおいしい
シナモン

まずリンゴを半割にしてくれたまえ。

アルミホイルに半分包んだら、上からカンパリを適量かけ、バターをのせよう。

STEP 3
ホイルは上の方で閉じて欲しい。

＼こんな感じ／

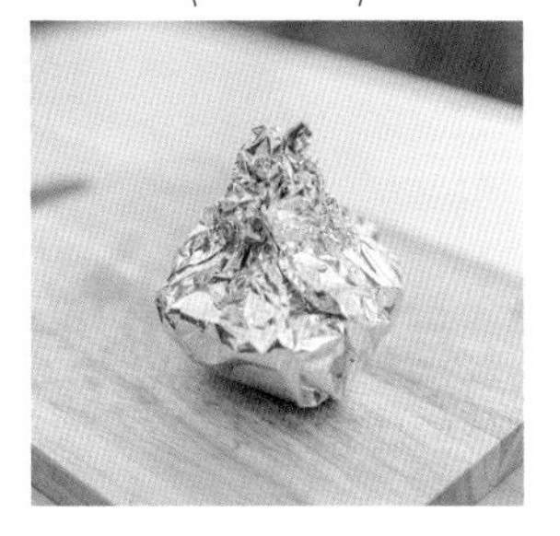

ワンポイント

リンゴはなるべく皮が赤いものを選ぼう。理由？　見た目が綺麗だからさ。

STEP 4
焚き火に放り込んだら、後は待つ。

20〜25分後に焚き火から取り出そう。耐熱手袋、もしくはトングに頼った方が無難だ。

盛り付けのヒント

これはまな板でスライスし、是非陶器の器に移してほしい。追いカンパリやシナモンパウダーをかけても美味。

BBBベイクドバターバナナ

堂々とバナナを焼こうではないか。

材料１人分

- **具**
  バナナ…好きなの１本
- **調味料など**
  バター…少々、砂糖…少々、ラム酒…少々
- **あるとおいしい**
  シナモンパウダー

ワンポイント

バナナそのものがすでに甘いのだが、どうせ咎める人なんていやしない。最後に砂糖もかけてしまおう！

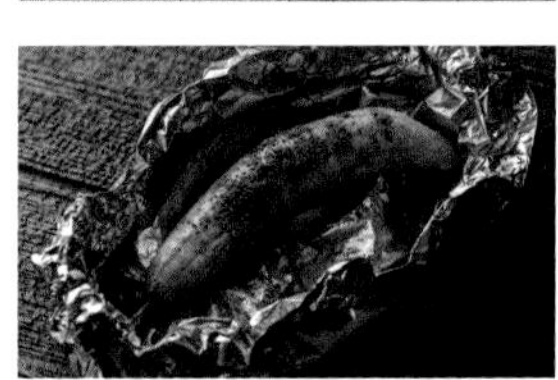

バナナの皮を剥こう。皮ごと焼いても良いのだが、少し渋くなる。

広げたアルミホイルに1本丸ごと載せる。そこにバターを一欠片、そしてラム酒を少々かける。キッチンドランカーも結構だが、あまり飲みすぎないように。

たき火の上の網にそっと載せる。中火が良いだろう。

甘い香りがしてきたら完成だ。10分ほどだろう。ホイルを開けて砂糖を振りかけよう！

盛り付けのヒント

焼き上がったら砂糖の他にシナモンパウダーをかけると良い香りになる。そこはお好みで。このバナナのように「ネトッ」としたものは、時間が経っても中まで熱々の場合が多い。火傷には気をつけるように。舌の火傷は数日間の食事が台無しになる。

甘すぎる洋梨

バラ科の果物は焼くに限るのだよ。

材料１人分

- **具**
  洋梨もしくは洋梨の缶詰…１個
- **調味料**
  メイプルシロップ、バター
- **あるとおいしい**
  シナモンパウダー

リンゴやナシやイチゴアレルギーの人も、それらのジャムは食べられる場合が多い。つまり熱を通せばアレルギーが出るのを抑えられる場合がある。

STEP 1　洋梨を調達しよう。ちょっと大きめのスーパーに行けば売っていることがある。季節ものなのでない場合は缶詰を使おう。

STEP 2　洋梨をアルミホイルに包む。基本的にはこれだけだ。焦げを防止するために、二重三重にホイルを巻いても差し支えない。

STEP 3　焚き火にそっと放り込む。30分ほどで完成するだろう。内部まで火が通っているか気になる場合は、金串をホイル上部から刺してみると良い。内部まで素直に刺されば焼き上がっているが、そもそも生で食べるものなので、半生でもそれはそれで美味である。

STEP 4　焼き上がった洋梨にバターを載せてメイプルシロップをかけよう。洋梨の味が広がること間違いない。

盛り付けのヒント

一緒に入れると焦げてしまうので、バターとメイプルシロップは必ず後から載せよう。あなたが摂取する糖分を気にかける人なんてそこには居ないはずだ。好きなだけかけてほしい。

たい焼き

多分あなたは暇なのだから、自慢のナイフでウッドカービングをしよう。

材料1人分

もみもみホットケーキ
ミックス…1袋
牛乳…適量、卵…1個
酒粕…少し、砂糖…少々
日本酒…少々

● **あるとおいしい**
バター

厚みが2cm程度の木の板がキャンプサイトに落ちていたなら、ナイフを使って魚型の木彫刻を作ろう。大きさは手のひらサイズで良い。

※木型は別になんの形でも良いのだが、「たい焼き」と銘打っているので、魚の形をお勧めしたい。

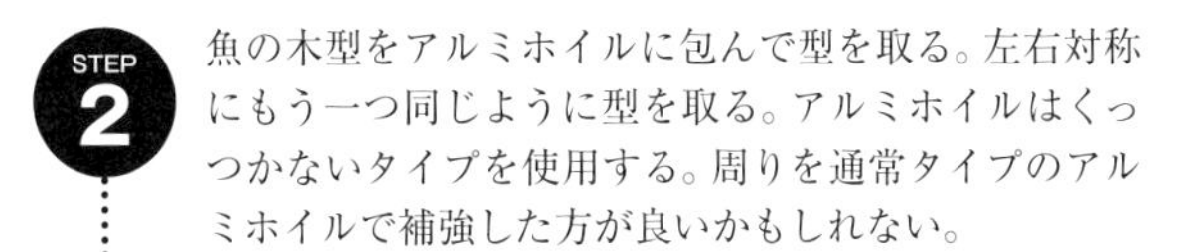

STEP 2 魚の木型をアルミホイルに包んで型を取る。左右対称にもう一つ同じように型を取る。アルミホイルはくっつかないタイプを使用する。周りを通常タイプのアルミホイルで補強した方が良いかもしれない。

STEP 3 餡を作ろう。市販の餡子やクリームでも良いのだが、今回は酒粕クリームを作ろう。酒粕を日本酒で少し緩くして、好きな甘さになるまで砂糖を入れるだけだ。

STEP 4 網の上に載せたアルミホイルの型に、ホットケーキミックスを注ぐ。生の状態で1cmほどの厚みになるよう注げば良い。火は弱火〜中火で。

STEP 5 フツフツと泡が出てきたら、片方の型に餡を入れる。

STEP 6 餡を「入れてない方」の型を、餡の方に型に伏せて重ねる。1分ほどしたら型ごとひっくり返してもう1分ほどで完成だ。

ワンポイント

くっつかないタイプのアルミホイルの表面には「この面を使ってください」的な指示が書かれている場合があるが、その文字が料理にも転写されてしまうので注意が必要だ。

盛り付けのヒント

アルミホイル料理ではあるが、木型を作る工程から考えると、おそらく本誌では最長時間を誇る料理だ。そして餡は日本酒を使っているために「酔う」ので、未成年は食さないでほしい。
バターを載せてもおいしく食べられる。

レシピ：TAKA

べっこう飴とすもも飴

砂糖と水だけで実験感覚!!　昔懐かしい昭和の味！

材料1人分

砂糖…大さじ8
水…大さじ2
すもも…3～5個

すももに爪楊枝を刺す。二重にしたアルミホイルで作った器に砂糖と水を入れて混ぜ合わせる。
最初に混ぜるだけで、後は混ぜてはいけない！⬅重要

弱火～中火で火にかける。フツフツして薄い茶色になったら火を止める。スプーンで一混ぜして色を均一にする。

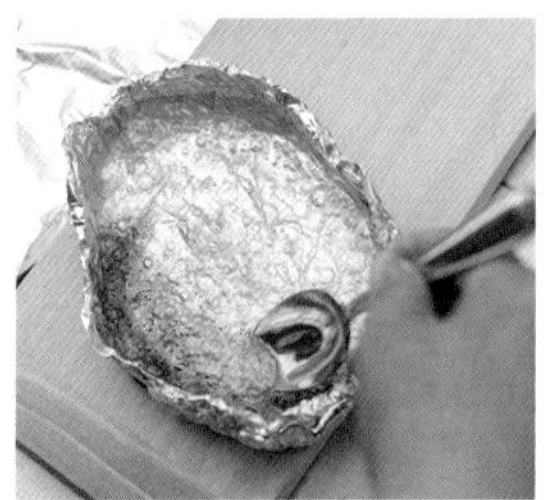

砂糖と水は最初に混ぜ合わせるだけで、火にかけているときは混ぜない！

手早くすももを飴に絡ませ、くっつかないアルミホイルの上に載せる。

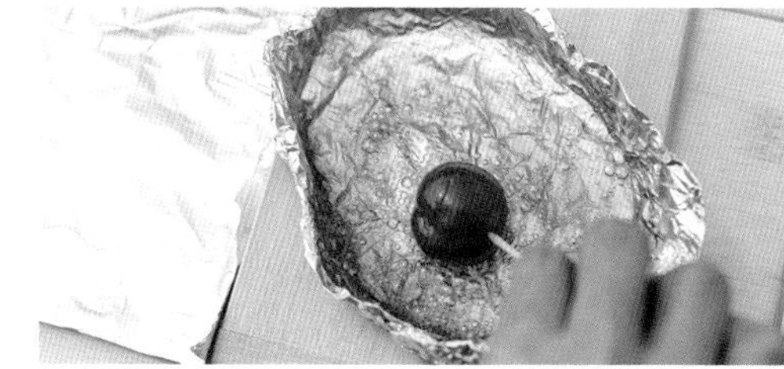

STEP 4

残った飴はスプーンですくってアルミホイルの上に流す。それは君の好きな形にすればいい。爪楊枝を絡ませておくこと。

STEP 5

5分くらいで固まる。

warning

べっこう飴が服などについた場合、熱湯なら容易に落とせるが、その際には火傷などに充分注意していただきたい。

HOT ミカン

ミカンを焼いたって良いではないか。

材料1人分

- **具**
  ミカン…好きなだけ
- **調味料**
  生クリーム
- **あるとおいしい**
  ウイスキー

ワンポイント

焼き上がり後の添え物は、各自自由に。

ミカンを皮のままアルミホイルに包む。ボールのようにしてしまって構わない。

焚き火に投げ入れる。でも文字通りに投げない方が良い。

ミカンが常温だった場合は、20分くらいで焚き火からサルベージする。冷えていた場合は30分くらい。

盛り付けのヒント

皮ごと食べられるのだが、皮を剥いて生クリームを載せよう。生クリームは出来合いのもので良い。

おかしなBBQ

駄菓子屋で売っているお菓子を
キャンプフィールドへ。

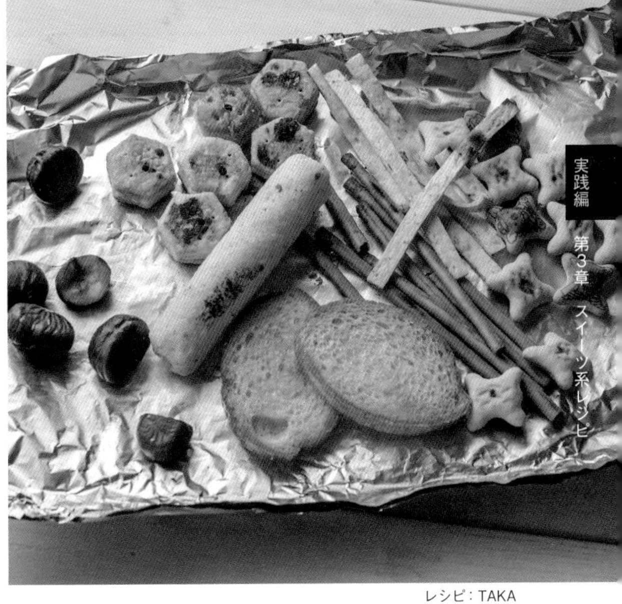

レシピ：TAKA

材料1人分

うまい棒、パイの実、焼き栗
カントリーマアム、チータラ
ラスク　など好きなお菓子

温めたらおいしそうなものを片っ端から
試してみよう！

STEP 1 アルミホイルを二重に敷いたらお菓子を載せる。

STEP 2 糖分は焦げやすいので弱火にしよう。
焦がさなければいつ食べても良い。

盛り付けのヒント

盛り付けなどしてたら冷めてしまって温める意味がなくなってしまうので、焼いているそばから食べるようにしよう。

最高の おしるこ

こうすれば歯が欠けることはない。

材料1人分

あずきバー…1個
切り餅…1個

切り餅をナイフでサイコロ状に切る。利き手に持ったナイフを切り餅の上に当て、ナイフの背を利き手ではない方の手で上から押し付け、利き手を上下に繰り返し動かすと切りやすい。好きな大きさでいいし、もちろん切らずにそのままでも良い。

アルミホイルを30センチほど引き出し、あずきバーと切り餅を載せ、上が開くように包む。

トロ火が良い。そこで最適なのがアルコールストーブだが、別に燃料を持っていくのは面倒だから、昨晩きっと飲み残してあるであろうスピリタスを使う。

あずきバーの表面が溶け始めると「バー」を引き抜くことが容易になるだろう。バーは次回の焚き火の焚き付けにすればいい。

バーのなくなった「あずき」が完全に溶け、少しプクッと泡が出てきた頃が完成だ！　多分10分くらいだろう。

warning

良い香りだが、ホイルに直接口をつけて食べるのはやめた方がいい。唇を火傷するだろう。なので必ず器に移すこと。その際前出の理由から、金属ではなく、陶器やプラスチックの器にすることをお勧めする。

第4章

コンビニ
アレンジレシピ

・パン・プッチンプリン・パン
・ピザドッグ
・じゃがバター
・やきとり缶でサムゲタン粥
・セブンのブリトー揚げ
・餃子キムチ油揚げ

パン・プッチンプリン・パン

パンはポルトガル語だって知ってたかい？

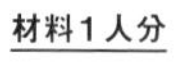

材料1人分

●具
8枚切り食パン…2枚
プッチンプリン…1個

●あるとおいしい
シナモンパウダー

STEP 1

パンを1枚出し、上にプッチンプリンを落とす。

warning

プリンが熱くなっている場合がある。ジュワッと出てくるプリンに注意！

STEP 2
プリンの上にもう一枚パンを載せて手でゆっくり押し潰す。

＼ こんなふうに ／

STEP 3
ホイルに包んで網の上に載せる。中火が良いだろう。

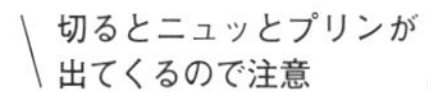

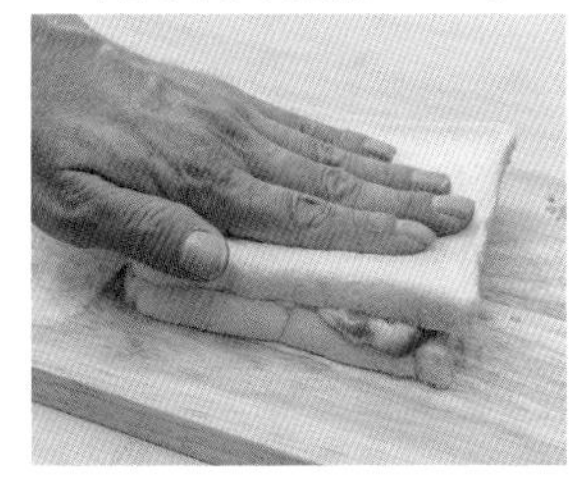

STEP 4
5分ほどしたら裏返す。そしてもう5分焼いて、表面が狐色になったら完成だ。

盛り付けのヒント

切り分けると必ずプリンが噴き出すので注意してほしい。それをつけながら食べるのがまたおいしいのだ。

ピザドッグ

トマトソースとピーマンのピザからはもう卒業しよう。

材料1人分

コッペパン…1個
豆腐バー…半分
コンビーフ…適量
とろけるチーズ…1枚

● **調味料**

蜂蜜…適量

● **あるとおいしい**

レモン

コッペパンを使うこと。

コッペパンを縦に半割にする。しかし完全に半割にするとこれから作るものの名前が変わってしまうので注意が必要だ。

割ったコッペパンに豆腐バー・コンビーフ・とろけるチーズを挟む。コンビーフは薄切りにすると挟みやすい。

アルミホイルに包んだら、網の上に置く。多少乱暴に置いても構わない。上になる面を先に焼く。つまり最初は上下逆に置く。

遠火で5～6分したらひっくり返す。そしてもう5分ほど経ったら火から下ろす。

ホイルを開けたら蜂蜜をかけて完成だ。レモンを少し振ると香りが良くなる。

盛り付けのヒント

波刃のナイフでスライスするとパンが潰れずに綺麗に切れ食べやすくなるが、かぶりつく方が美味しい気がする。

じゃがバター

「じゃが」と言ってもそれはジャガイモではない。

材料１人分

じゃがりこ…好きな味１カップ
柿の種…小袋１つ

●**調味料**
バター…少々
冷凍刻みネギ…適量

この料理にコツなど存在しない。
好きなようにやってくれ！

アルミホイルは3センチの深さになるように整形する。形は丸でも四角でも良い。

STEP 2

そこに材料と調味料を全て入れてしまおう。比率は写真を参考にしてほしい。

中火にかけるのだが、バターが焦げ付かないように火力を調整して、たまにかき混ぜ、じゃがりこが少し「しなっ」としたら完成だ。

応用編

じゃがりこの種類により味が変わる。
しかしこれを食べると、今後ビールには欠かせないものとなるだろう。

やきとり缶で サムゲタン粥

キャンプの朝に優しい味のお粥などいかがだろうか？

レシピ：TAKA

材料1人分

●**具材**

ご飯…お茶碗一杯、やきとり缶塩味…55gくらい
鶏ガラスープの素…小さじ1
生姜チューブ…1cm、熱湯…200ml

●**調味料**

長ネギ（青いところ）…小口切り
黒胡椒…少々、炒りごま…適量

朝にサラッとでも良いし、やきとりを多めに使えば夜のつまみにも！

二重にしたアルミホイルの器を作ろう。食器などで型取りすると便利だ。

アルミホイルの器に具材を全部入れて弱火で10分ほど煮よう。

調味料を適宜かけて完成だ。

盛り付けのヒント

ネギは最後に載せると美しいと思うが、混ぜてしまっても差し支えない。

セブンのブリトー揚げ

だってセブンのがおいしいんだもん。

材料1人分

● **具**
セブンイレブンのブリトー…1つ
● **調味料**
オリーブオイル…ひたひた
● **あるとおいしい**
胡椒、バジル

ワンポイント
間違えないでほしい。用意するのはセブンイレブンのブリトーだ。間違ってもブリトーをイチから作ろうなどとしてはいけない。

セブンイレブンに行こう。ブリトーの多くはレジ横の棚にあるのですぐに見つかるだろう。ハム&チーズがなくても気を落とさないでほしい。ベーコン&クワトロチーズでも代用できる。

広げたアルミホイルにちょっと多めのオリーブオイルを敷く。その上にブリトーをそっと置こう。その上からさらに少しオリーブオイルをかけよう。そしてホイルで包むのだが、両端は閉じてはいけない。

焚き火上の網にそっと置こう。なるべく水平に。うまく置けたら口が開いたままの両端を少し上に折り曲げよう。そう、それは煙突の役目をする。

煙突から香ばしい香りがしてきたらひっくり返すのだが、その際両端から油が溢れないようにしたい。ひっくり返したらやはり煙突を少し上に向けよう。2〜3分したら出来上がるはずだ。

 **warning**

調理中にアルミホイルを破損してしまうと、その穴からオリーブオイルが漏れ出して焚き火に注がれ、炎が盛大に舞い上がる。文字通り夜空を焦がすことになるだろう。テント生地の溶解、自身や他人の火傷、周りの植生への引火などにも十分注意していただきたい。

餃子キムチ油揚げ

油揚げは食べられる袋である。

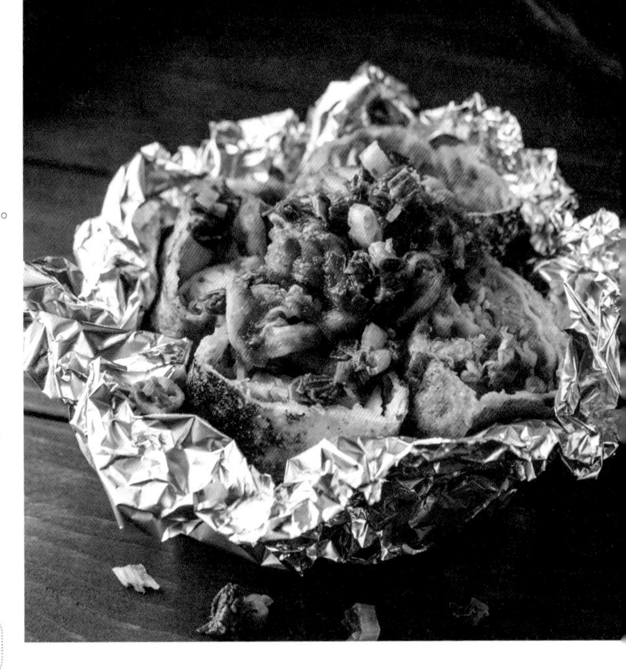

材料1人分

● 具
油揚げ…1袋
冷凍餃子…好きなの1パック
キムチ…好きなもの、
冷凍刻みネギ…少々

● 調味料
不要

とにかく詰め込んで巻くだけ。

STEP 1
全ての具材を袋やトレーから出したら、油揚げを半分に切ることから始めよう。縦に切ってはいけない。横だ。そうすると一辺だけ口の開いたほぼ真四角の油揚げになるだろう。

STEP 2
冷凍餃子を一つ、油揚げの袋に入れる。その半分ほどの量のキムチも詰め込んでしまおう。油揚げの開口部を閉じてホイルに並べよう。

STEP 3
ホイルを閉じて火元の網の上に置こう。いつものことだが、重ねたホイルの境目を上にするのを忘れないでほしい。少し遠火で10分ほどで出来上がるが、冷凍餃子の焼き具合が心配なら、油揚げを開いてみると良い。

STEP 4
ホイルから取り出して、半分に切ろう。切り口を上にしていくつか並べ、上に追いキムチと冷凍刻みネギを振りかける。

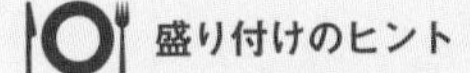

冷凍刻みネギは、餃子を食べやすい温度に下げてくれると同時に、自身の解凍にもなる。

第5章

朝飯系レシピ

- 白パン
- TKG
- TKG- お好み焼き
- バーガーハン

白パン

ハイジの白パンってよく聞くけど、欲しがったのはペーターのおばあさんだ。

材料1人分

日清こね・パン…一袋の半分
水、バター

● **調味料**

追いバター

● **あるとおいしい**

クレイジーソルト

パッケージ裏の指示に従って生地を作る。バターは常温に戻しておく。

生地を叩く場所がない場合は、手のひらの上で折りたたもう。

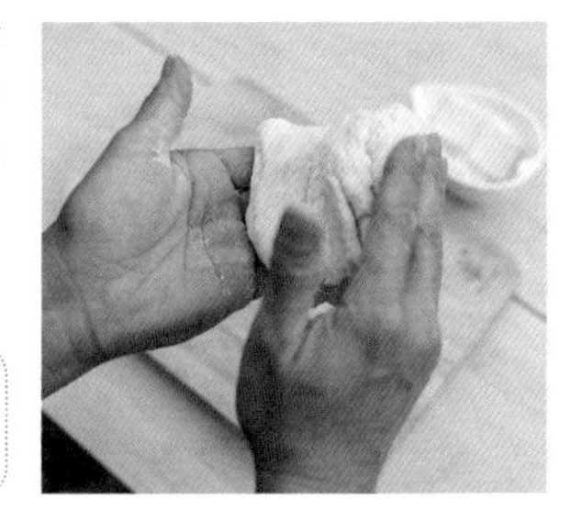

この粉は発酵なんていらない。
作ってすぐ焼いてすぐ食べられる。

\ こんな感じ /

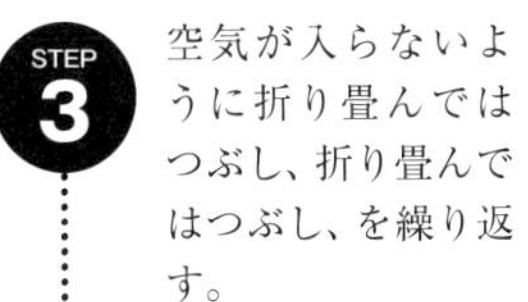

STEP 3

空気が入らないように折り畳んではつぶし、折り畳んではつぶし、を繰り返す。

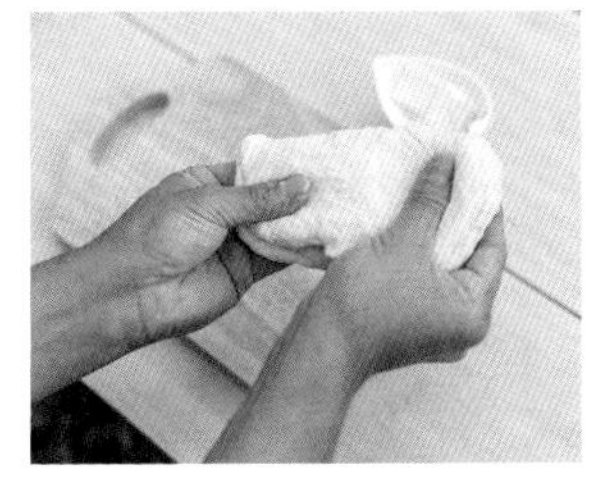

STEP 4

焼いても生地からひと回り大きくなるかな？と言う程度の膨らみなので、それを考慮して食べやすい大きさに切り分ける。

STEP 5

アルミホイルに小分けにした生地を載せる。両脇を閉じたら、上面はティッシュの箱のように少し開く状態にしておく。中火の網の上に載せよう。

\ 上はこんな感じだ /

STEP 6

20分くらいしたら焼き上がるだろう。ホイルは熱くなっているのでくれぐれも注意してほしい。

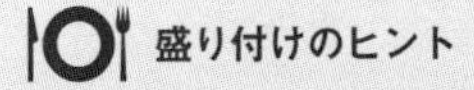

盛り付けのヒント

そのままガブリといっても良いが、スライスして皿に並べると一味違う。
素朴な味なのでバターとクレイジーソルトで味わってほしい。

TKG

混ぜて焼くだけ。
TKGオムライス！

レシピ：TAKA

材料1人分

●具
ご飯…お茶碗一杯
ハム…薄切り2枚
生卵…1個
コンソメまたは
鶏ガラスープの素…小さじ1/2

●調味料
ケチャップ…好きなだけ

ワンポイント

まさか知らない人はいないとは思うが念のために言っておく。TKGはKGBより長い歴史がある。それとて始まってから150年ほどしか経っていないが、生卵とご飯をおいしく食べようという組織である。

STEP 1
二枚重ね、もしくは厚いアルミホイルでご飯が入る器を作る。蓋も忘れないでほしい。ハムを1cm角ほどに切っておこう。

STEP 2
何かキャンプのために持参した容器に、ご飯と生卵とハムを入れてよくかき混ぜる。

STEP 3
アルミホイルの器に油を少々塗り、卵とハムを混ぜたご飯を入れよう。蓋をして火にかけるが、弱火から始めて、卵の固まり具合で火力を調整しても良いだろう。

盛り付けのヒント

堅焼きから半熟まで、あなたの火加減で調整できるので、お好みのキャンプTKGを作ってもらいたい。ケチャップを使うと彩りも華やかでオムライスのようになるだろう。

TKG-お好み焼き

粉いらず！　ご飯と卵で作るお好み焼き。

材料1人分

● **具**

ご飯…お茶碗一杯、生卵…1個

● **調味料**

お好み焼きソース…適量、マヨネーズ…適当
鰹節…適量、青のり…適量、紅生姜…適量

ワンポイント

TKGから派生した組織である。
書いてある順に調味料をかけると言うことを覚えておいてほしい。
そうしないと仕上がりが美しくない。

レシピ：TAKA　アレンジ：Z

アルミホイルを40cmほど切って油を少々塗る。

何かの容器でご飯と卵を混ぜ合わせたら、アルミホイルの片側半分にTKGを広げる。

片面が焼けたなら、空いている側のアルミホイルを曲げて被せ、ホイルごと裏返す。弱火から中火でやると良いだろう。

調味料を全てかける。

盛り付けのヒント

これも火力や調理時間で堅焼き～半熟を調整できる。

バーガーハン

肉でパンを挟んだって良いではないか。

材料1人分

ひき肉…100g、丸いパン…1個

● **調味料**

塩・胡椒…少々

● **あるとおいしい**

チーズ　レタス

ひき肉は牛でも合い挽きでも良い。どちらにしろひき肉からかなり大量の脂が出るので、周りにこぼさないようにご注意を。

STEP 1 ひき肉に適量の塩胡椒を振る。そしてあなたの好きな方法でこねよう。

STEP 2 こねた後2分割し、それぞれをハンバーグのように丸く平にしよう。

STEP 3 そのハンバーグで丸いパンを挟むわけだが、チーズを挟みたくてもまだ挟まないでほしい。まずはアルミホイルに包もう。

STEP 4 片面4～5分焼く。両面を均等に焼くために、何度か上下をひっくり返すのだが、その際アルミホイルの隙間から肉汁が溢れるので注意しよう。焼き加減が不安なら、遠慮なくホイルを開けてみれば良い。パンに接する肉の面に火が通っていれば完成だが、チーズはこのときに挟もう。

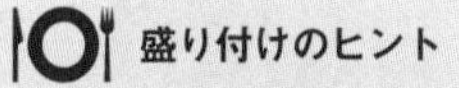

何もしないと茶色一色なので、チーズや青物を挟むと華やかな色彩になる。
色が綺麗なら食欲も増す。

第6章

特殊技法レシピ

・炎上カステラ
・焼かれたいプリン
・炎上バナナ
・炎上桃缶
・スウェーデントーチステーキ
・FIAT500ステーキ

炎上カステラ

国民総SNS時代、炎上させるのはカステラだけにしておいた方がいい。

材料1人分

●**具**
カステラミックス…1つ
その他カステラミックスに従う

●**調味料**
ザラメ、ウォッカ（スピリタス）
ラム酒

STEP 1

アルミホイルをカステラの型らしい形に整形する。蓋を作るのも忘れないように。

STEP 2

カステラミックスから生地を作る。そこはカステラミックスの指示に従ってほしい。
ウォッカとラム酒を同量混ぜたお酒も作っておいてほしい。これは少量で良いが、この時点であまり飲みすぎると、料理の出来に関して悲惨な結果を招くので注意したい。

ワンポイント

市販のカステラミックス200gには材料の指定がある。黙ってそれに従おう。

網の上に置いた型に生地を流し込む。蓋もする。蓋は何かを被せるだけでもいい。要は上も保温するということだ。

STEP 4

中火で25～30分ほどしたら火を止め、蓋を取る。

着火にはチャッカマン的なものが便利だ

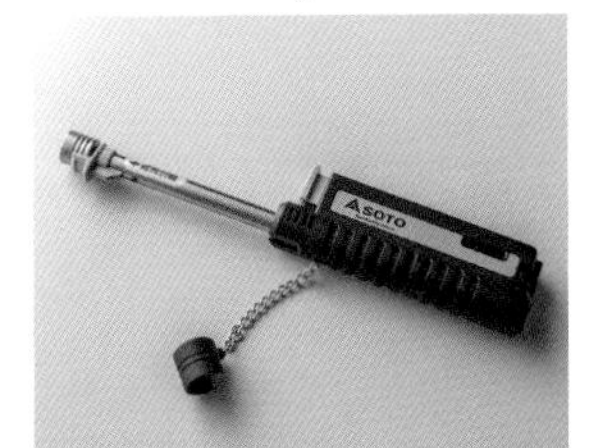

STEP 5

焼き上がった生地の上にザラメをかけて、スピリタスとラム酒のカクテルをザラメに染み込ませる。

お酒に火をつける。ザラメが溶けたら完成だ！

盛り付けのヒント

カステラと言ってもお酒が入るので、朝ではなく是非夜に作ってほしい。その方が炎も綺麗だ。
型を解体してまな板で食べやすい大きさに切ってほしい。
もちろんあなた1人だろうから、禁断の「そのまま齧り付く」のもOKだ。

炎上プリン

プリンだって多分燃えたいと思っている！

材料1人分

牛乳…250ml、卵…3個
バニラエッセンスオイル
…数滴
砂糖①…手のひら1杯

● **ソース**
砂糖②…手のひら1杯
スピリタス…少々

アルミホイルで作りたいプリンが入るくらいの容器（型）を作っていただきたい。脇も立てて深くすると良いかもしれない。型は網の上に載せておこう。

牛乳・卵・バニラエッセンスオイル・砂糖①を全てよく混ぜたら、型へ注ぎ込む。順番とか濾すなどはどうでも良い。

STEP2の時点で必ず舐めたくなる。そう、それは味見なんだ。誰も怒らないからやってみるといい。

STEP 3

別のアルミホイルを少し取ってそれをかまぼこ型に被せると、簡易的なオーブンになる。弱火と中火の間くらいで15分ほど様子をみよう。

STEP 4

この料理は中心部が最後に固まる。心配なら少しナイフを入れて固まっているか確認してもいい。傷口は塞がる。

STEP 5

しかしよく考えてみてほしい。材料は全て生で食べられるものなのだ。だから「こんなもんかな？」で火を止めて構わない。

STEP 6

プリンの上に砂糖②を満遍なくかけ、スピリタスで湿らせたら火をつけよう。スピリタスが多すぎると砂糖が黒焦げになってしまうので要注意だ。

盛り付けのヒント

このままワイルドに食べてほしい。
電位差で変な味を体験したくないならプラスチックや木のスプーンをお勧めする。

炎上バナナ

バナナは加熱してもウマい。

材料1人分

バナナ…1本

● **調味料**

バター…たっぷり、砂糖…たっぷり
練乳…たっぷり
コンソメスープの素…ちょっと

調味料は入れすぎても誰も怒らないから心配しないでほしい。

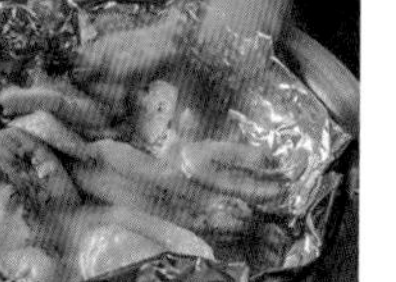

バナナは皮を剥いて生身をスライスしよう。皮はその辺に放置すると昭和の漫画みたいなことが起きるので注意だ。

アルミホイルは皿的な形にして網の上に置き、バターをたっぷり入れる。「え～！」ってくらい入れて良い。ここでほんの少しコンソメスープの素を振りかける。本当に少しでいい。固形ならナイフで削ってかけよう。

バターが溶けたらスライスしたバナナを投入する。裏表、片面2分ほど焼く。

STEP 4

ラム酒を入れる。と同時に火がつくので火傷などには注意してほしい。

火が消えたら皿に移し、練乳をたっぷりかけて完成だ。

盛り付けのヒント

冷える前に皿に移そう。しかしテロテロに柔らかいので注意してほしい。バナナは意外といつまでも熱いので、練乳をかけたからといって安心すると痛い目（熱い目）にあう。

炎上桃缶

そもそも甘いのを、さらに甘く。

材料1人分

桃の缶詰…1缶

●**調味料**

バター…少々
三温糖…適量
ブランデー…適量

ワンポイント

カットされた桃缶を使うと一手間省けるぞ！

アルミホイルで皿的な形を作る。厚手のホイルを使った方がいい。

火にかけてバターを入れ、溶けたらカットされた桃を入れる。

缶の中のシロップも少し入れよう。さらに三温糖を振りかける。

シロップがフツフツと泡立ってきたら、桃をひっくり返そう。

さらに三温糖を振りかけ、ブランデーを注いでフランベさせる。火が収まったら完成だ。

盛り付けのヒント

少し冷ましてから皿に移そう。きっと貴方のアルミホイルの端は焦げているはずだ。1人だからこそ見た目を気にした方がいい。突然素敵な人が来訪するかもしれないが、そのとき焦げた食器から食べていない方が良いと思う。

スウェーデントーチステーキ

カッコイイ名前の火力だが、切れ目がある丸太を燃やすだけである。

材料1人分

骨つきラム肉…1切れ

● **調味料**
クレイジーソルト

● **あるとおいしい**
ローズマリー

STEP 1

トーチに着火するのは慣れが必要だが、ぜひ頑張ってほしい。着火したら火が安定するまで暫く待とう。

STEP 2

ラム肉の両面にクレイジーソルトを適量振り、アルミホイルで包む。

ワンポイント

アルミホイルには煤やタールがつく。なので高価な革手袋は使わない方がいい。使い捨てるつもりで綿の軍手を用意しよう。

STEP 3

トーチの火が安定したら、おもむろにホイルに包んだ肉をその上に直に載せてしまおう。

STEP 4

5分くらいしたら裏返そう。その際ホイルの切れ目の向きに注意が必要だ。中で溶けた脂が溢れない向きに回そう。

裏返したらもう5分焼く。

このようにホイルは煤けているだけでなく、木のヤニがついていることが多いから、軍手やトングで火から下ろそう。

warning

スウェーデントーチの下にはなるべく大きめの焚き火シートを置くことを強く推奨する。燃焼しながら倒壊というケースもあるからだ。

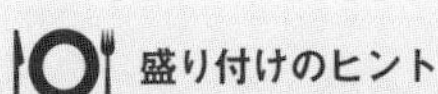

この骨がおいしさの秘密だ。骨の近くの肉はおいしい。クレイジーソルトはハーブっぽさを演出してくれはするのだが、ラム肉特有の香りが苦手な人は、ローズマリーを添えても良いだろう。

FIAT500ステーキ

FIAT500というイタリア製の古いオーブンを使う料理。

材料1人分

- **具**
  脂身の少ない肉…1枚
- **調味料**
  塩
  胡椒

肘くらいまである耐熱手袋があると望ましいだろう。
食材はホイルに包まれているので、肉にはオイル臭はつかないので安心してほしい。

パック上の肉の両面に塩胡椒を振る。

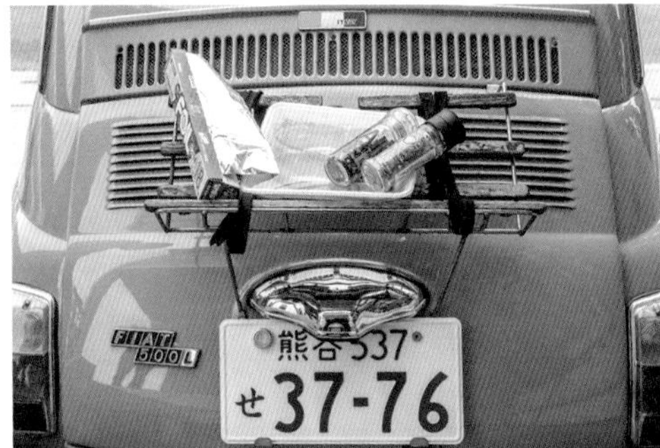

STEP 2

アルミホイルで肉を包む。ここでは特に厚いホイルを使わなくてもいい。理由は後にわかるだろう。

FIAT500のエンジンを暖機する。キャンプ地まで走ってきたのならそれは不要だ。ただ夏場以外は冷えるのも早いので注意する。

エンジンを止める。本当はエンジンをかけたまま行いたいのだが、マフラーが揺れて食材が落ちてしまう。

エンジンフードを開けて、マフラーの上が綺麗か確かめる。

STEP 6

マフラーの上に、肉を包んだアルミホイルを添わせる。そう、マフラーの局面に優しくあてがうのだ。この際、厚みがあるホイルだとやりにくく、マフラーとの間に隙間ができて焼き斑ができることになる。

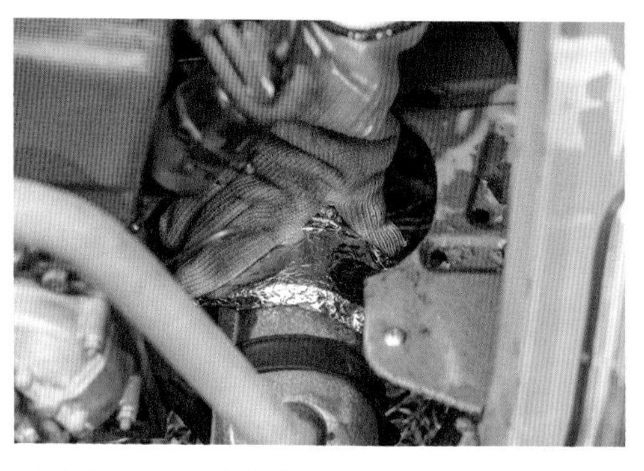

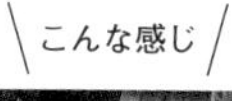

STEP 7

5分ほどしたら裏表を逆にする。この際もマフラーの局面に沿わせるのを忘れないようにしたい。

※肉汁が溢れないように注意する。肉汁がマフラーの上に溢れると、想像はつくだろうが煙が上がる。キャンプ場で行った場合、いらぬ誤解を招くので注意が必要だ。

また5分ほどしたらマフラーから取り外そう。

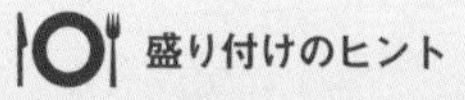

良い肉は付け合わせなどいらない。
隣に野菜を食べた方が良いなどと口煩く言う人がいなければ、それだけで至福の時間だ。

第7章

番外編

・ナイフを作ろう！
・一人でキャンプに行こう！

ナイフを作ろう！

アルミホイルは輪廻転生。

材料1人分

アルミホイル

●**道具**

ペグハンマー
やっとこ
河原の石など固いもの

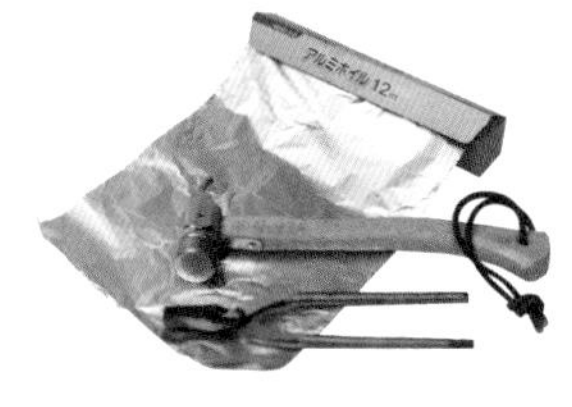

STEP 1

使ったアルミホイルの油分を取ろう。それが面倒なら平にして焚き火に載せて油分を燃やしてしまおう。灰は拭っておくこと。もちろんホイルは新品でも良い。

STEP 2

アルミホイルは1m分くらいあるとそこそこのものが作れる。まずはそれらを5cm×10cmくらいに畳んだら、焚き火で炙ろう。やっとこで掴むのがお勧めだが、ペンチなどでも良い。

アルミホイルを重ねて叩くだけなら一生ナイフにはならないだろう。火入れが大事なのだ。

STEP 3

炙ったらやっとこで挟んだまま、固いものの上に置いてハンマーで叩こう。

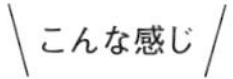

ちなみに先ほどから何回か火に入れているが、調理中の物の下で火を通すと時間の節約になる。

STEP 4

叩いているとアルミの面積が増えるのがわかると思う。そうしたらまた焚き火に投入しよう。

STEP 5

焚き火から出したら、石の上でうまく半分に折り曲げよう。そうしたらまた叩く。これを10回以上繰り返し、なんとなく細長い形にしよう。

STEP 6

表面がちょっとザラザラした石を見つけたら、そこの表面で余分な部分を削ぎ落とそう。思い切ってゴシゴシやってほしい。

STEP 7

なんとなくナイフっぽい形になったら、もう一度火に入れ、真っ直ぐになるよう整形しよう。

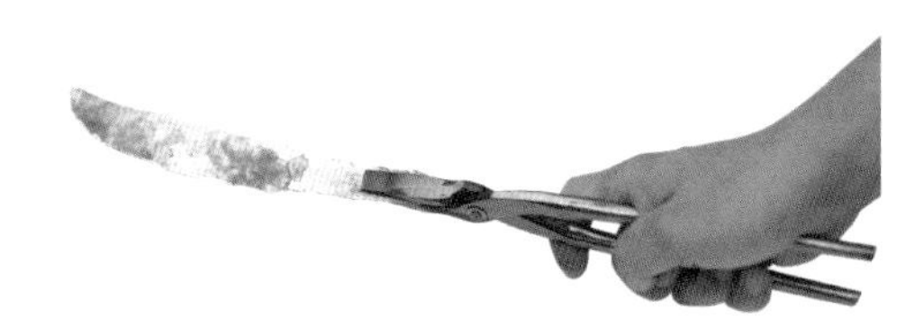

STEP 8

いよいよ研ぐのだが、ブロックやレンガなど、表面が平らなものがあれば最高だ。普段包丁を研ぐのと同じようにして刃をつけていけば良い。

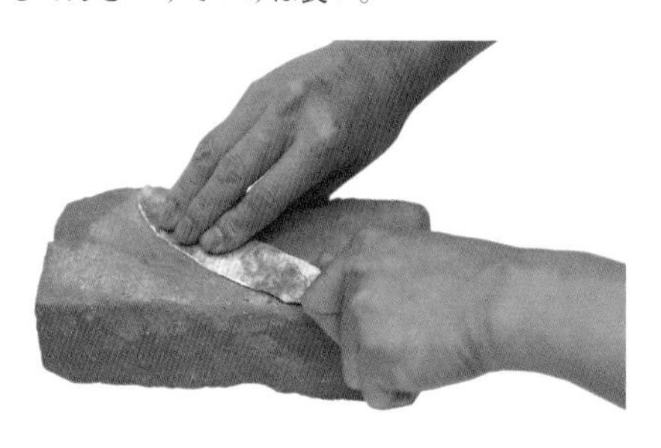

STEP 9

そのままでも良いのだが、木の枝などを割ってハンドルを作るのもいい。
キャンプ地に適切な工具があることは稀なので、ビニールテープやガムテープで補強すればそれっぽくなるだろう。

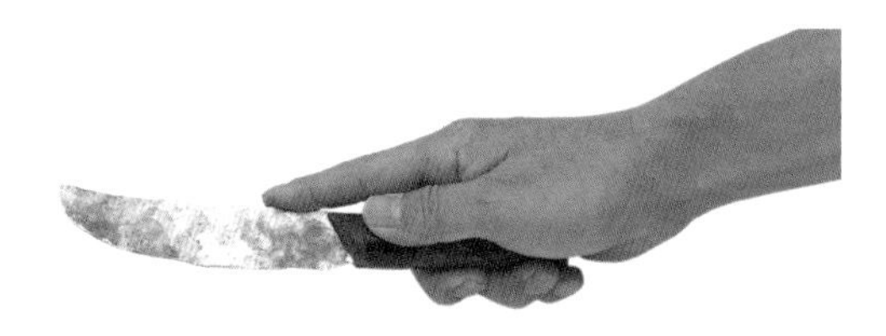

ワンポイント

アルミというのは鉄などに比べ柔らかい金属だ。だから刃をつけたからといって未来永劫切れ味が続くものではない。どうせ元はアルミホイルなのだ。研ぎ減りしまくっても良いではないか。切れ味を保ちたいなら、研ぎ続けよう。
そんなことより、「なんちゃって鍛冶屋」は楽しいではないか！

一人でキャンプに行こう！

自己完結するためには、ある程度の知識と道具が必要だ。

急な思いつき、計画してきたことの実行。どちらでもいい。

自転車や公共交通機関を使うなら、それに見合った荷物で十分過ごせるし、もし車があるなら、それはさらに快適になるだろう。予算だって、本書のメニューを実行する限り、そんなにかからない事がわかるはずだ。調理の時間が少なくて済むなら、それはその他の時間が増えるということだ。

次に、実際のキャンプ行をいくつかシミュレートしてみることにしよう。

アルミホイル・ソロキャンプ

荷物はバックパックに詰め、移動は人力か公共交通機関と想定する。

この本の値段とテントや寝袋、そして家にありそうなものは除いて予算を1000円程度とすると、さてどうなるだろうか？

【作るもの】
1日目　昼食・セブンのブリトー揚げ
1日目　夕食・バーガーハン
2日目　朝食・BBBベイクドバターバナナ

ブリトー	1個	240円
丸いパン	1袋	150円
ひき肉	200g特売品	250円
バナナ	3本特売品	150円
ビール	1本	200円
塩胡椒		自宅から持ち出し
オリーブオイル		自宅から持ち出し
バター		自宅から持ち出し

アルミホイル・ソロキャンプ

車というのは素晴らしい。それはレンタカーでもいいが、とにかく車に好きな道具を満載して出かけることを想定する。予算は2000円としたが、食材はことのほか安いので、ビールを多く積むことにする。

【作るもの】
1日目　昼食・ピザドッグ
1日目　夕食・和風ニジマス
2日目　朝食・焼き鳥缶でサムゲタン

コッペパン	1個	150円
豆腐バー	1個	140円
コンビーフ	1個	300円
とろけるチーズ	1個	200円
ニジマス	1尾	200円
大根サラダ	1袋	140円
さとうのご飯	1個	100円
やきとり缶	1個	160円

アルミホイル	自宅から持ち出し
カトラリー	自宅から持ち出し
ミニストーブ	自宅から持ち出し
ナイフ	自宅から持ち出し
計	990円

●清貧版アルミホイル・ソロキャンプの1日

こんな1日があったっていい

08:00 朝食を食べながら何の気なしにテレビをつけたら、芸人がキャンプをしている番組だった。しばらくキャンプに行っていないことを思い出す。キャンプに、そうだ、キャンプに行こうと思い立った。

計画性はなくても問題ない。どれだけすぐに行動できるかだ。しかしまだ近所のスーパーは開店していないだろう。でも安心してくれ給え。この本のレシピに載っている食材のほとんどはコンビニ(主にセブンイレブン)で手に入るものばかりだ。セブンイレブンへ行こう。買い物リストのほとんどが手に入るだろう。

08:30 コンロのガスは要確認だな。ただの鉄の缶を運んでも虚しいだけだ。よし、テント、寝袋、マット、ナイフ、食器や調味料をバックパックに詰め込んだら出発だ。おっと、アルミホイルを忘れるところだった。そうそう、「アルミホイルソロキャンレシピ」の本も持っていこう。場所？　朝日が眩しくないよう

ビール　3缶	600円
アルミホイル	自宅から持ち出し
カトラリー	自宅から持ち出し
焚き火台	自宅から持ち出し
ナイフ	自宅から持ち出し
計	それでも1590円

●大名版アルミホイル・ソロキャンプの1日

多くの道具を持っていったって、それも自由だ

10:00 休日の遅い朝食を食べながら何の気なしにテレビをつけたらグルメ番組をやっていて、漁港でカツオを藁焼きしていた。今日はキャンプ場を予約している。そうだ、焚き火も楽しもうではないか。ワクワクしてきたぞ。キャンプ場に薪も売っていたはずだな。ちょっと大きめの焚き火台も車に載せよう。よしよし。

車ならクーラーボックスも載せた方が良い。そうすれば新鮮な食材も保管できるし、ビールだって冷えたままだ。

11:00 保冷剤を冷凍庫から出してクーラーボックスに入れることにするか。今回のクーラーボックスはちょっと奮発して保冷能力がものすごく高いものだから安心だな。これならビールも好きなだけ入れていける。行きがけにコンビニとスーパーで買って行こう。近所のスーパー、エビスあるかなぁ？

保冷剤は有効だが、低温で冷凍された食

に、とりあえず西へ自転車を走らせようと思う。

持ち物、特に燃料は要確認だ。空の缶を運ぶと、運んでいる時は無駄だし、現場で気づいた時は虚しい。確認する行為は100%正解だ。

10:00 ずいぶん走ってきた。近所のセブンで食材はほとんど揃ったが、通りがかったスーパーがちょうど開店したところだ。残りの食材をGET。停まったついでにスマホで近くのキャンプ場を探す。お、割と近いところにあるようだ。予約もできたし、あとはキャンプ場を目指ししばし漕ぐことにしよう。天気が良いのは日頃の行いの賜物だなぁ。

キャンプ場についたなら、そこのルールを守り、あとは自由にすればいい。あなたは誰にも邪魔されない。お腹が空いたら、たった数分だけ調理に専念すればいい。それらの時間は決まっていない。調理の時だけこの本のレシピに従えば、自由な時間が増えることを約束する。ただクーラーボックスは持っていないから、ビールは早めに飲む方が良いだろう。

12:00 キャンプ場は家族連れや車で来た人が数組いるだけで、そんなに混んでなくて良かった。テントは張り終わったし、とりあえずコンロを出し、アルミホイルにオリーブオイルを敷いてセブンのブリトーを乗せる。あとは火に掛けるだけだ。あ、もう香ばしい匂いがしてき

材と保冷力の高いクーラーボックスがあれば、それで事足りることも多い。

13:30 ここのキャンプ場は穴場だな。休日なのに他の利用者が少ないのがいいな。さあ、テントを張ったら焚き火の準備だ。火は絶やさないことにしよう。虫除けにもなるし、なんて言ったって火を見てると落ち着くもんなぁ。早速昼飯、今日はピザドッグだ。コッペパンを割って豆腐バーやコンビーフ、チーズを入れてホイルに包む。これすぐできるなぁ。蜂蜜を少しかけよう。軽い昼食には最適だ。ピザドッグは素早く作れてもう食べ終わったし、美味かったし、もう飲んじゃうか。ローチェアだと眠くなっちゃうなぁ。本でも読んで・・・昼寝落ち

あとはもう、本当にゆっくりしよう。キャンプサイトは持ってきたガジェットのおかげで快適なはずだ。本書には、豪華な見た目でも難しい料理はない。残りの時間は椅子に座って本を読むなり昼寝するなりご自由に。難しい料理をしなくて済む分、確実にあなたの時間が増えているはずだ。許されるならもう一泊したって良いではないか。自由で快適な衣食住がそこにはあるのだ。

16:00 火を見ながら眠ってしまったようだ。でもまだ熾はある。子供が遠くを走っていく。家族で来ている人もいるのか。今度は家族で来てもいいな。楽しいことの独り占めは少しだけ心が痛む。

た。ビールも飲んでしまおう。まだ少し冷えている。

ブリトー揚げの調理時間は数分だ。なぜなら、そもそもそのままでも食べられるものをもっと美味しくしようとする、言ってみれば食パンをトーストするようなものだからだ。

16:00 遠くで子供の遊ぶ声がして目が覚めた。食事の後テントで本を読んでいたが、いつの間にか寝てしまっていたようだ。よく見たらキャンオプサイトの周囲は深い森のようだ。ちょっと散策してこよう。

この時、外に見えるのは自転車とテントとコンロだ。コンロは冷えているだろう。だからテントに入れ、自転車は近くの木に繋ごう。そして貴重品は持って散策しよう。滅多にないことだとは思うが、朝起きたら椅子やテーブルをごっそり盗まれていたという話も聞く。いつでも買える数百円〜数千円のものでも、盗まれたら気持ちの良いものではない。

18:00 気持ちの良い森だった。森の中には自然っぽい道がついていて歩きやすかったし、、鳥の声もした。さて、夕飯は肉を焼くぞ。ひき肉をパックの中でこねて小分けして丸め、パンを挟んだらホイルで包みコンロの網の上に載せる。もうジュウジュウ音がしてきた。革手袋をしてひっくり返そう。その時後ろから声が掛かった。やはり一人でキャンプして

椅子があるだけで、キャンプが快適なものになるだろう。昔は運動会などでもシートを敷いて地べたでワイワイやったものだが、椅子の快適さを知ったら戻れないだろう。少し値段の高い椅子は、座っている間中幸せである。おそらくキャンプで意識のあるうちは一番接しているものだから、ちょっと奮発しようではないか。

18:00 食前の、そして焚き火の前で飲むビールは最高に美味い。まだキンキンに冷えている。いや、いやいやいや、それはニジマスを焼いてからにしよう。ホイルを広げたら、大根サラダにニジマスを載せて、インスタント味噌汁の素を振りかけるだけだ。水も少し入れよう。焚き火に放り込んだら、また少し火を眺めることにするか。ん？　ちょっと離れた隣の青年も一人か。ビールでも持っていってみるか。邪魔じゃなければ良いが・・・

食前に飲んでしまうのも良いかもしれないが、酔って料理を台無しにしなくてもいい。焚き火に放り込む料理は、放置しすぎると良くない事が起きるからだ。

20:00 彼の一人の時間を邪魔しないよう、早々と引き上げてきた。焚き火の世話もしなきゃならないしな。でも焚き火はパートナーと同じだ。あまり構いすぎず、少しは放っておいた方が燃えるんだ。もう薪は足さないでもいいな。外にいると暗くなるのがわかるから、早く眠くなる。でも今日は二人用のテントを一

いるらしいお隣からだ。「よかったらこれ、飲みません？」キンキンに冷えた缶ビール、それもエビス！　ありがたく頂き、しばし歓談した。

隣のサイトからお裾分けをいただく事がある。あなたが若かったり、一人でいたりだと余計だ。でも今は、それが的外れな想像だとかは置いといて、他人様は自分に対してあらゆる配慮をしてくれる事が多い。一人でキャンプに来るのは、パートナーがいないなどではなく、それが好きなんだろうなということも勝手に想像してくれる。お裾分けとて憐んでいるわけではないはずだ。遠慮なく頂こうではないか。

20:00　もう辺りは静かだ。薪が燃える匂いがする。ちょっと離れた隣の焚き火の火が見える。焚き火は良い。今度はキャンプ場で焚き火台をレンタルすることにしよう。さて、早いけどテントに入ろう。

最近は手ぶらで行っても、テントから調理器具から、あらゆるものをその場でレンタルできるところもあるようだ。それを使うという手もある。

しかし、小型で軽量な焚き火台も良いものが最近は多いから、自前で揃えておいても損はないだろう。やはり自分のものを使いたいではないか。

07:00　鳥の声がうるさい。嬉しいうるささだ。昨夜は隣からのお裾分けのおかげでぐっすり眠れた。炊事場で顔を洗ってき人で使うから快適だ。寝返りを打ってもまだ余裕があるしな。

もし車でのソロキャンプなら、テントは二人用にしよう。快適さが格段に違う。4人用などでも良いが、広すぎても落ち着かない。一人にちょうど良い空間というのがあるのだ。

09:00　しかしよく寝た。分厚いマットも快適だったからだな。もう日が高くなってきたようだ。外に出て、昨夜車にしまった椅子を出してこよう。しかし、朝は少しだけ火を焚くか、それとも予備で持ってきたカセットコンロですますか、迷うなぁ。とりあえずテントから出ようか。

先にも書いたが、ちょっと良さげなキャンプガジェットを外に出しておくと、盗難に遭う事がある。もしあなたが車でキャンプに行ったなら、面倒がらずに、そのようなものを夜は車に入れて施錠した方がいい。あなたの財布が豊かでも、思い入れのあるものは返ってこない。

そして焚き火は消火を確認するのも大事だが、焚き火台の火床の下に鋳物のパーツを使っているものなどは、しまう前に冷えているか確認してほしい。鋳物は思いのほか蓄熱しているから、もう冷めただろうと高を括って素手で触ったりすると、指に猫のような肉球ができることになる。

09:30　お隣はもう発ったようだな。さて、じゃぁゆっくり朝飯の準備をしよ

たら、朝食の準備だ。今朝はシンプルにバナナだ。バックパックからバナナとラム酒を取り出す。ラム酒！　しまった、これがあったんだ。昨夜飲めばよかった。まぁもう朝だ。そんなこと言っても仕方がない。バターとバナナをホイルに入れ、ラム酒を少し入れたらコンロに載せる。朝のバターとバナナはすぐエネルギーになる（多分）。

実際バナナは朝食には最適らしい。だが、もし朝ならBBBは完全にアルコールが飛ぶまで火にかけておくことをお勧めする。

08:30　気持ちの良いキャンプ場だった。リフレッシュできた。昨夜お裾分けを頂いたお隣は、テント内でゆっくりしているのか、はたまた森に散歩に行ったか。表に姿は見えない。でも昨夜Twitterのアカウントを教えてもらったから、後で昨夜のお礼をDMしておこう。忘れ物がないか確認。ヨシ！　ゴミ？　なんせアルミホイル3枚に、ブリトーと肉のパックくらいだからね。食材がなくなったスペースに余裕で入る。軽い。さて、気合を入れてチャリ漕いで帰るよ。隣を起こさないようにね。

如何だっただろうか？　アルミホイルは基本使い捨てだが、ほとんどの製品が極薄の純アルミ製なので、手で簡単にボール状になるからゴミも小さくなる。持ち帰ったら各自治体の指示に従って処理してもらいたい。

う。焼き鳥缶はこのまま食べても良いけど、ご飯に入れて韓国風お粥にするのも悪くない。昨日庭で抜いてきたネギも刻もう。鶏ガラスープの素も全部アルミホイルで作った鍋に入れて火にかけるだけだ。朝のお粥は美味い。お、スマホにTwitterのDMが来てるぞ。誰からかな？

もしその日に発つなら、朝食は簡単に済ませたい。まぁこの本に載っているレシピはどれも簡単だから端から試してみても良いだろう。

10:30　よし、撤収だ。仲間と来る場合、荷物が多いと「手伝おうか？」と言ってくれる人も多いが、車にびっしり荷物を積んだ場合は載せた者でないと順番に手惑うばかりか、載せきれないこともある。その点一人は楽だな。自分しかいないんだから。焚き火の灰は確か受付ロッヂの傍に捨て場があったな。よし、燃えさしもない。ゴミもOK。しかし出るゴミが少なくて良い。さて、日常に戻るとしようか。

キャンプ最終日の朝は、一種独特の虚しさがある。撤収も面倒だ。でも食器をほとんど洗わずに済むというのは、それだけで気が楽になるというものだ。是非みんなも、アルミホイルを掴んで一人でキャンプに行ってみてほしい。最後の虚しさと共に、良い思い出になるだろう。

あとがき

アルミホイルって、ほとんどが純アルミを使っているんだって。薄く伸ばしてシート状にすることで、熱伝導性にも優れ、我々が使いやすい形に姿を変えてくれるから料理には凄く便利。厚みも「アルミ箔」と呼んで良いものから「アルミシート」って呼んだ方が良いのでは？というものまで色々出回っているので、読者諸氏は色々試してもらいたいな。今度は私の知らないアルミホイル料理を皆さんに教えて欲しいです。

この撮影のための包丁を作ってくれたRock Edge Worksの武市さん、貴方のデザインするナイフや包丁は美しいです。ありがとうございます。

撮影場所を提供してくれた向かいの小俣さん、貴方がいなければ野外撮影が進みませんでした。感謝します。ありがとうございました。

私の拙い料理を素敵に写してくれたカメラマンの漆戸さんとアシスタントの犬飼さん、あなたたちのおかげで紙面が華やかになりました。ありがとうございました。

そして私の無理なお願いを聞いてくれ、素敵なメニューを提供してくれた庶民派料理ブロガーでピンクサファイアのギタリストのTAKAさん。ギターを包丁に持ち替えてくれたことに感謝します。あなたのギターと料理がなければ私の原稿は進みませんでした。本当にありがとうございす。

この本の話を頂いたのはいつだったろうか。まだ寒かったと記憶している。発売は夏だから半年経っているわけだけど、一向に進まない私の原稿を忍耐強く待ってくれた編集のZさん。そして制作担当のHさん。あなた達の住んでいる方角に足を向けて寝られません。携わった全ての人のおかげで素敵な本になりました。ありがとうございました。

最後に、この本を手に取ってくれた皆さん、レジに行ってくれたなら、本当に感謝です！

●レシピ協力

TAKA (Takako Nakamura)
庶民派料理ブロガー
Musician・Guitarist (PINK SAPPHIRE)

●レシピ撮影

漆戸美保

●撮影アシスタント

犬飼綾菜

●協力

小俣勝男
武市広樹 (Rock Edge Works)

●編集

秀和システム第5編集局

【著者紹介】

佐藤 一博 (さとう・かずひろ)

有限会社 豊和精機製作所代表取締役
公安委員会指定射撃指導員 (空気銃・散弾銃・ライフル銃)

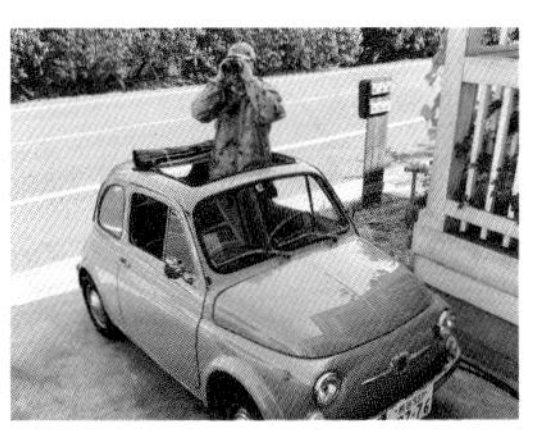

ライフル銃から麻酔銃まで幅広く修理販売改造をするガンスミスであり、20年間布団で寝ていないアウトドア研究家。
狩猟歴19年、ジビエ料理にも造詣が深い。
6歳の頃から焚き火をし、13歳の時に初めてソロキャンプ (家出) を行う。しかし24歳の頃、自身が極度の面倒臭がり屋だと気付き、以来時短キャンプ料理の研究に勤しんでいる。最近では荷物がたくさん載る4X4商用バンを持っているのに、小さいFIAT500でキャンプに行き「足るを知る」を実践中。

共著書に「エアライフル猟の教科書 (秀和システム)」、記事執筆・協力した書籍には「Guns&Shooting (ホビージャパン)」「狩猟生活 (山と渓谷社)」「けもの道 (三才ブックス)」「全猟 (全日本狩猟倶楽部)」などがある。現在はコミック「クマ撃ちの女 (新潮社)」の監修等も行っている。

アルミホイル・ソロキャンレシピ

発行日　2021年 8月 1日　第1版第1刷

著　者　佐藤　一博（さとう　かずひろ）

発行者　斉藤　和邦
発行所　株式会社　秀和システム
〒135-0016
東京都江東区東陽2-4-2　新宮ビル2F
Tel 03-6264-3105（販売）Fax 03-6264-3094
印刷所　三松堂印刷株式会社　Printed in Japan

ISBN978-4-7980-6435-2 C0077